À Sylvie et Guillaume

SURFER,

de l'écume à la vague

SURF session EDITIONS

THIERRY ORGANOFF

Didier Piter, le surfeur français le plus titré, il brilla dans le petit mais aussi dans le gros et notamment à Pipeline, aujourd'hui sélectionneur et entraîneur de l'équipe de France.

Préface

J'ai découvert le surf au Sénégal, avec très peu de repères et d'informations, si ce n'est les conseils des aînés et la mythique vidéo « free ride ». Avec les potes, nous voulions tout savoir de ce sport, cet art, ce style de vie. Nous avions cette passion insatiable de celui qui découvre le surf, mais les infos manquaient. Très vite nous avons tenté de nous documenter au-delà des frontières sénégalaises et nous sommes tombés sur un petit livre :« Surf : passez du rêve à la réalité », écrit par un certain Thierry Organoff. Ce livre est rapidement devenu notre petite bible, notre guide pour mieux comprendre le surf, découvrir les manœuvres, les termes utilisés, les différents types de vagues, de trajectoires, les règles de priorité, …
Inutile de préciser que chaque chapitre faisait l'objet d'un débat passionné.
Bien plus tard, comme le monde du surf est vraiment petit, j'ai finalement pu rencontrer Thierry et le remercier pour son livre.
En voyant aujourd'hui ce nouvel ouvrage d'initiation, Surfer de l'écume à la vague, je ne peux m'empêcher de replonger dans ces bons souvenirs. Le surf était à l'origine le sport des chefs et des rois hawaiiens.
Aujourd'hui, c'est un sport pour tous.
Sport ? Art ? Style de vie ? Quelle que soit votre sensibilité, votre approche, ce livre éclairera votre chemin initiatique, et vous facilitera son apprentissage. Ce feeling incroyable de prendre une vague et d'avoir le sentiment d'être un roi !

Merci Thierry et bon surf à tous !

Didier Piter
Triple Champion d'Europe,
sélectionneur de l'équipe de France.

« Ils vont surfer par centaines de milliers,
ils vont jouer avec la mer,
et cela devient ce qu'il y a de plus important dans l'existence »

Edgar Morin
« Son journal de Californie »

SOMMAIRE

Historique

L'histoire du surf, se mélange avec l'histoire des débuts de notre ère. Si les premiers signes de surf sont lointains et imprécis, Ils remontent à une époque ou juste quelques silex, viennent étayer, les dizaines de thèses existantes sur nos origines. Thèses, qui à chaque nouvelle avancée de la science sont balayées en quelques lignes.

HOLLOW

De plus en plus convoitée, la gauche de Mundaka au Pays Basque, et encore ce jour-là ils n'étaient pas nombreux. Imaginez l'encombrement au pic les jours d'été.

Les découvertes toujours plus nombreuses, prennent chaque jour le pas sur celles de la veille, les rendant très vite obsolètes, et amenant sans cesse, un aspect nouveau et inédit.

Aucun chercheur, ne s'étant jusqu'à présent, penché sur les réelles origines du surf, elles se perdent donc dans la nuit des temps. Et la non conservation de véritables traces, tel que le bois, à travers les siècles, n'est pas là pour faciliter la tâche des futurs chercheurs. Imaginez que déjà à partir du fameux silex de l'époque de l'homo habilis ou de l'homo erectus, on lui fait dire à peu près ce que l'on veut. Que peut-on penser, lorsque l'on manque totalement de preuves matérielles ?

Il semblerait donc que les origines soient diverses et multiples. Et qu'à travers les âges, et les lieux, d'Hawaii à Tahiti, de l'île de Pâques à l'Atlantide, de Carnac au Coungatataou, elles se soient mélangées et superposées, et que nous n'en ayons retenu qu'une petite parcelle hawaiienne très récente.

Mais le surf est-il uniquement parti d'Hawaii ?

CE QUE L'ON SAIT DE TAHITI OU D'HAWAII

Ce que l'on sait ou on croit savoir, est que le surf régnait en maître chez les anciens de Polynésie. Erigé en véritable art de vivre, il leur permit durant des centaines d'années de vivre en harmonie avec l'océan et ses éléments, déchaînés ou non. Une sorte de pacte mutuel, que chacun respectait sans trop empiéter sur le territoire du voisin. Et ce, jusqu'à l'arrivée des blancs et

de leurs convictions. James Cook, avec ses certitudes et la religion, illustre parfaitement l'impact qu'a pu avoir notre civilisation sur le mode de vie de ces « indigènes ». Une religion qui régnait en maître sur les bonnes mœurs et le mode de vie de l'époque. Très vite, devant tous ces « sauvages dénudés », la religion fait le ménage à grand coup d'hémoglobine. Balayant tout ce qui ne pensait pas comme elle. Le surf ne correspondait pas au panorama inquisiteur du moment. Mis hors jeu par quelques ecclésiastiques « bien pensants », le surf sombrait alors dans les limbes de l'oubli. Et de Moorea à Makaha, les « naturels » [1] soumis, allaient jusqu'à en oublier cette pratique. Et il fallut attendre le début du XX ème siècle pour voir le surf ressurgir sous les pieds du Duke Kahanamoku.

Beaucoup d'écrits ont été attribués à James Cook, le soit disant découvreur des îles Hawaii. Tout le monde connaît l'histoire des voyages du Capitaine Cook (1728-1779), et sa « redécouverte » des îles Sandwich (Hawaii) en 1778. Nom qu'il donna en hommage à Edward Montagu (1625-1672) comte de Sandwich. Mais en fait ces îles furent découvertes bien avant Cook par les Espagnols, en 1527. Peu ou pas de traces écrites des voyages espagnols, et surtout pas de traces d'observation du phénomène surf ou de ce qu'il était au XVI ème siècle.

On peut imaginer que le phénomène à été vu par ces premiers conquistadors, mais qu'ils n'en firent pas cas, tellement cela pouvait leur sembler surréaliste à l'époque, voir totalement improbable. Pensaient-ils avoir assisté à un

Des moments magiques qui restent gravés dans la mémoire des spectateurs comme dans celle de l'acteur.

le phénomène surf, on peut facilement imaginer,
que le surf a existé ailleurs et bien avant, en des temps très reculés.

mirage ? on peut le penser...D'autant plus facilement imaginable, lorsque l'on se penche sur les écrits de Cook, 250 ans plus tard, lors de son premier voyage, en abordant à Tahiti.

Extrait de « *Premier voyage autour du Monde* » du Capitaine Cook datant du 28 mai 1769 vers midi. L'Endeavour vient quelques jours avant de débarquer sur les îles tahitiennes.

« *En retournant au bateau, nous eûmes occasion de contempler un spectacle qui nous dédommagea dans une certaine mesure de nos fatigues et de nos pertes. Chemin faisant nous arrivâmes à l'un des rares endroits où l'île n'est pas environnée par des récifs, et où, par conséquent, une houle aux vagues élevées vient se briser sur la côte. Les lames étaient des plus effrayantes que j'eusse jamais vues; il aurait été impossible à un de nos bateaux de s'en tirer, et si le meilleur nageur de l'Europe se fût trouvé, par quelque accident, exposé à leur furie, je suis persuadé qu'il aurait été bientôt englouti par les flots ou écrasé contre les grosses pierres dont le rivage était couvert. Cependant nous vîmes là dix ou douze tatiens qui nageaient pour leur plaisir; lorsque les flots se brisaient près d'eux ils plongeaient au-dessous et reparaissaient de l'autre côté avec une adresse et une facilité inconcevable. Nous restâmes plus d'une demi-heure à contempler cette scène étonnante. Pendant tout ce temps aucun des nageurs ne songea à aller à terre ; ils semblaient prendre à ce jeu le plaisir le plus vif.* ....

Et de poursuivre quelques lignes plus loin

.... *Ces nageurs, en déployant des forces dont nous avons tous l'usage, à moins que nous ne soyons affectés de quelques infirmité spéciale, opéraient des prodiges qui nous semblaient au-dessus de la nature.*

Nous voyons bien là, le très grand étonnement de James Cook. Il est effrayé de voir des gens « jouer » dans les vagues. Avant de découvrir le surf à Hawaii, et sans le savoir. Il vient d'observer et de décrire les prémices du bodysurf, ou tout simplement les premiers body-surfeurs tahitiens. N'oublions pas que c'est une traduction, qu'à l'époque nommer une chose que l'on ne connaît pas, n'est pas aisée. Les mots n'ont pas la même signification en vieux français, et la traduction qui date de l'époque peut en plus être approximative, selon le mode de pensée et les croyances du traducteur.

Tout cela peut laisser penser que le phénomène surf ou body surf a été vu à Tahiti, mais pas compris et il n'a pas été nommé. Pour les Tahitiens, les vagues font partie de leur culture. On peut donc imaginer qu'ils les prenaient également à l'aide de morceaux de bois ou de troncs d'arbres, taillés ou non. Si Tahiti et Hawaii sont les premiers lieux où fut observé le phénomène surf, on peut facilement imaginer, que le surf a existé ailleurs et bien avant, en des temps très reculés. Il ne reste aucun objet de surf de cette époque. Pourquoi y en aurait-il d' ailleurs, puisque le bois a toujours été le véhicule de ce sport. Les lieux où le surf a pu se développer sont nombreux, toutes régions ou les vagues sont présentes. En gros, toute la planète.

L'île de Pâques par exemple. Que n'a t'on raconté sur cette civilisation ? Venue d'ailleurs pour certain, si vieille qu'elle se perd dans la nuit des temps. Le mystère du transport de toutes ces énormes statuts n'a jamais été élucidé. Or, nous savons qu'il y a de très belles vagues, à l'île de Pâques. Alors, pourquoi ces populations n'auraient pas, elles aussi pratiqué le surf. Ce n'est pas le manque de preuves, qui doit systématiquement éliminer cette éventualité. Là aussi, seule la pierre a survécu.

La véritable Nord et un solide 4 mètres, une vague qui ne fonctionne comme cela qu'une fois tous les 10 ans.

Tom Curren

Toujours beaucoup de spectateurs lors des épreuves reines du circuit ASP celles du WCT.

Il en va de même pour l'Atlantide. Déjà qu'il n'est pas « scientifiquement » possible de prouver ou non l'existence de ce continent, pour beaucoup une légende, pourquoi, là encore, n'y aurait-il pas eu du surf ? Et peut être, les véritables origines de ce sport.

Plus près de nous la Bretagne et ses menhirs. Là encore, pas totalement élucidée la présence de ces énormes pierres debout, élevées à la gloire d'une quelconque divinité. Que d'interprétations ou de conclusions ne peut-on en tirer ! La Bretagne regorge de belles vagues, et même si l'eau est légèrement fraîche, aujourd'hui, cela n'a pas toujours été le cas. Réchauffement, refroidissement, nous sommes une fois encore en plein cœur du débat. Alors surfeurs bretons ou non, en cette période lointaine. Menhir, à la gloire de qui ? pas du Duke, il est bien trop contemporain. Il faudra bien un jour élucider cette présence. Et sans aller bien loin, plus près de nous, ces coungatataous, jeunes gemmeurs landais, qui vers 1896 chevauchaient des billes de bois, tombées de bateaux, lors de grosses tempêtes. Les plus astucieux d'entre eux, eurent l'idée de fendre ces troncs de moitié, afin d'en obtenir une meilleure flottabilité. Et ce, à l'aide du seul instrument dont ils disposaient, un coungate, d'où leur nom coungatataous. Bien entendu ils ne surfaient pas le Nord, et leurs jeux, on peut l'imaginer, se limitaient aux petites déferlantes. Mais la glisse était là, et bien avant la venue de Peter Viertel !

Et pas si loin de nous ces jeunes recrues revenues de la Grande Guerre, qui ayant côtoyé leurs cousins Australiens et Sud Africains, s'essayaient dès les années 1920, sur de pâles copies de planches originelles. De même pour leurs enfants dans les années 40, qui, fuyant les bombardements londoniens, se retrouvaient le plus souvent à Newquay en compagnie de GI, qui dans leur paquetage avaient fait suivre un longboard. Les premiers surfeurs européens ne sont pas là où on le pense.

Nous voyons que le surf a des origines diverses, dont il serait possible de multiplier les exemples à l'infini. Mais conservons des origines du surf, cette image d'Epinal Hawaiienne, qui somme toute en vaut bien une autre.

[1] Ainsi étaient nommés au XVIII ème siècle les habitants du nouveau monde. Que l'on retrouve notamment dans les écrits de J. Cook.

Connaître **la météo**

La météo marine est un phénomène complexe et donc une véritable science. La houle qui génère les vagues est due à l'action du vent sur les océans. Le temps et la force du vent déterminent la taille de la houle. Il est donc possible de prévoir l'arrivée d'un swell.

Savoir s'arrêter de temps à autre pour contempler et profiter de ce genre d'instants éphémères.

une dépression toute seule, ne suffit

FORMATION DE LA HOULE.

La houle est créée par le vent (dépression), ce vent génère des ondes (houle) qui se propagent vers les côtes. La force d'une dépression s'exprime en hectopascal (anciennement le millibar)

ex : 1015 hPa. Plus le chiffre en hPa est faible (- de 990 hPa), plus la dépression est importante. Plus le vent soufflera fort, plus la houle sera conséquente.

IMPORTANT

Le vent tourne autour d'une dépression dans le sens inverse des aiguilles d'une montre (force de Coriolis. Force qui dans l'hémisphère nord tourne vers la droite, vers la gauche dans l'hémisphère sud).

Les vents intéressants qui génèrent une houle, pour la côte atlantique européenne par exemple, sont les vents d'ouest et de nord ouest. A condition qu'ils soient dirigés vers nos côtes et sans obstacle.

Plusieurs critères rentrent dans la propagation et l'amplification de la houle : la force du vent, en beaufort (vitesse du vent exprimé en nœuds), le temps pendant lequel il souffle, la distance parcourue par cette houle. De ces critères dépendront la vitesse de propagation de la houle. Elle est généralement en Atlantique de l'ordre de 30 à 40 km/h, plus dans le Pacifique, 50 à 60 km/h.

Une fois arrivée à proximité ou en bordure de côte, la houle se transforme en vague, oui mais comment ?

En arrivant en bordure de côte, les fonds marins s'élèvent, la longueur d'onde diminue, la houle gagne alors en hauteur. Le profil jusque là sinusoïdal, devient de plus en plus pointu pour finir par déferler du haut, lorsque sa hauteur atteint, environ les ¾ de la profondeur de l'eau.

Plus on passera rapidement d'une grande profondeur à une très faible profondeur (exp. Pipeline Hawaii, La Nord Hossegor) plus la vague déferlera brusquement, en formant une vague creuse ou très creuse. A l'inverse, plus le fond est en pente douce, (région de plateau en pente douce) plus la formation de la vague se fera en douceur, donnant une « vague d'écume » moins creuse et plus lente.

De la situation géographique de la dépression par rapport à la côte, dépendra l'arrivée ou non de la houle. Exemple, pour la façade Atlantique. Si la dépression est de faible intensité, 1010 hPa, située en Atlantique Nord, face au Canada, elle a très peu de chance d'amener de la houle sur la façade Atlantique Sud (France, Espagne, Portugal). Et il en est de même pour tous les océans et mers du monde.

LIRE UNE CARTE

Le premier geste du surfer en se levant le matin, est de mater la carte météo, et de chercher la dépression, (la dep.) qui va lui donner son lot de vagues. Or voilà, une dépression toute seule, ne suffit pas toujours pour nous donner des vagues. Il faut pour faire arriver la houle, que celle-ci soit entretenue, le plus longtemps possible, jusqu'à nos côtes. Alors là seulement la houle nous arrivera et donnera des vagues dignes de ce nom.

Grab-rail sur fin d'après-midi mouvementée pour Miky Picon et au bout une place bien méritée en WCT.

DÉFINITION:

Toute dépression suffisamment creuse va générer un vent relativement important, lequel vent va générer des vagues dans la zone où il agit. Avec le temps ces vagues vont se propager, si elles sont entretenues par le vent, c'est à dire si le vent continue à souffler dans la direction de propagation de cette houle. Le vent continue à pousser cette houle dans le bon sens et l'entretient, pour l'amener jusqu'à vous.

Une houle créée dans un endroit donné, qui n'est absolument pas entretenue par un vent favorable, s'amortira rapidement, et finira même par disparaître. Un peu comme une voiture que l'on pousserait, au bout d'un moment il y a des forces d'inertie et de frottement qui amènent une dispersion d'énergie, et ferait que la voiture s'arrête.

ON DISTINGUE DEUX SORTES DE HOULES:

HOULE LONGUE : Une houle qui arrive de très loin, et qui est entretenue pendant une longue période. Cette houle longue conserve une grande énergie avec une longue période entre deux vagues de l'ordre de 17 à 20 secondes. Du fait de sa plus grande énergie, elle donnera des vagues plus puissantes et plus grosses.

HOULE COURTE:

C'est une houle qui arrive de moins loin, générée pendant une période plus brève, elle donnera une houle courte. La période entre deux vagues sera de l'ordre de 10 à 12 secondes. Cette houle se dissipera plus rapidement, et donnera des vagues moins puissantes et moins grosses.

EFFETS DÉFAVORABLES:

Une fois la houle formée, elle peut rencontrer des vents contraires ou perpendiculaires. Un vent perpendiculaire à la propagation de la houle donne une houle croisée, si ce vent rencontré est suffisamment fort, la houle sera fortement atténuée, voire complètement annulée. Autre effet défavorable, un fort vent de terre de force 4 ou 5, va très rapidement atténuer la houle. Alors qu'un léger vent de terre thermique, de force 1 à 2, ne fera que creuser les vagues. C'est pour cela que le surfeur recherche le surf avec léger vent off-shore.

Pour savoir s'il va y avoir de la houle, il ne faut pas seulement regarder le centre de la dépression (D), mais plutôt sa conséquence éventuelle, qui va être une cause de la houle : le resserrement des isobares qui se propagent dans notre direction.

Autre facteur de houle, le temps de déplacement de la dépression. Si la dépression (D) se déplace très vite, la période de génération de la houle sera courte, et la houle faible. Une dépression qui se déplacera lentement ou restera suffisamment longtemps, générera une forte houle.

ETÉ/HIVER

D'une façon générale, il est possible de dire que l'hiver les dépressions sont beaucoup plus importantes (creuses) que l'été. Par contre, très souvent l'anticyclone placé très bas par rapport à la dépression, ne donnera pas des vagues de taille proportionnelle au creusement de la dépression.

L'été, les dépressions sont moins importantes (moins creuses) du fait de la position remontée de l'anticyclone, (pour l'Atlantique) une petite dépression donnera une houle pouvant atteindre 1,50m à 2m. Par contre cette rentrée de houle sera de courte durée, 10/12 heures (figure D).

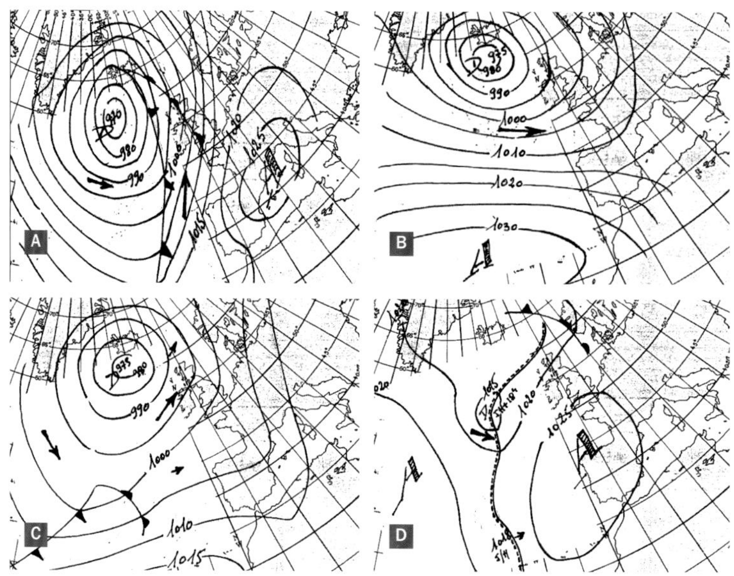

Les côtes espagnoles recèlent des trésors de vagues insoupçonnés, parfois inutile d'aller à l'autre bout du Monde.

A : Cas de forte dépression, mais contrariée par un fort vent à l'avant du front froid, ce vent annule la houle de cette dépression, quasiment inexistante, donc pas de vagues sur la côte.

B : Même valeur 970 hpa que le cas A, mais aucun vent ne vient contrarier l'arrivée de la houle. De plus, l'anticyclone placé suffisamment haut, donne des gradients resserrés. Cette dépression donnera sur la côte atlantique une belle houle et de belles vagues.

C : Même valeur qu'en A mais la position basse de l'anticyclone donnera de faibles gradients, donc une faible houle et de petites vagues.

D : Cas d'été: La dépression très faible, 1015 hpa de courte durée environ 18 heures, très proche de l'anticyclone donnera une entrée de houle pouvant aller jusqu'à deux mètres, mais cette houle sera de courte durée 10 à 12 heures. Une telle houle agrémentée d'un joli vent de terre peut donner durant une courte période, de très bonnes vagues surprises.

Choisir **son matos**

Il est important de bien choisir sa planche et sa combinaison pour débuter. Quelques conseils pour vous aider dans cette démarche.

On laisse toujours sécher quelques temps les pains de polyuréthane avant utilisation.

Il existe un grand nombre de modèles de planches de la classique 6' pour bons surfeurs en passant par le gun pour grosses vagues, par des formes plus rondes pour débutants et pour finir le longboard pour les petites journées d'été.

En matière d'arrière il existe un tas de formes, pour débuter s'en tenir à des formes dites classiques round tail ou square tail.

LA PLANCHE

En l'espace de quelques années le matos de surf à fait un bond en avant, tant sur le plan des matériaux que sur le plan des formes. Le principe de base veut que pour débuter, il vous faille une planche avec du volume, un minimum de largeur 50 cm, des formes rondes. Un rail classique, rond, que l'on nomme dans le jargon du surfeur, Boxy. Garçon ou fille la taille de la planche requiert les mêmes règles. Une planche de 20 à 40 cm de plus que votre taille, de 6 à 8 cm d'épaisseur, adaptée à votre gabarit.

LA TAILLE :

Une planche de 2,20 m à 2,50 m, (7'3" - 8'2") conseillée pour un débutant adulte la première année.

De 1,50 m à 2,00 m de (5' - 6'7"), pour un enfant de 6 à 14 ans. Eviter les avants pointus. L'adulte peut diminuer la taille de la planche, dès qu'il est à l'aise sur sa première planche.

La forme: Le modèle mini-malibu est conseillé. De forme plus ronde il permet un apprentissage plus aisé.

PRÉCAUTIONS :

Ne pas persister trop longtemps sur une planche trop débutant, si l'on veut progresser d'une façon radicale surtout dans les courbes. Pour ceux qui ne surfent qu'un ou deux mois par an, le mini-malibu (7' à 8') sera parfait, même après plusieurs années de pratique.

DÉRIVES : PLUSIEURS POSSIBILITÉS

- Une dérive ou single, réservée au longboard, même si la mode seventies revient en force avec des shapes de l'époque single.
- Une grande dérive centrale, deux petites latérales, un bon compromis adopté par quelques fabricants.
- trois dérives de tailles égales, la meilleure solution.

Pour un surfeur débrouillé

Un thruster, ne pas tomber dans les extrêmes des dimensions. Eviter les largeurs extrêmes, se cantonner entre 48 et 50 cm. Longueur pour des vagues petites et moyennes, planche entre 1,80 et 2,00m (6'- 6'7").

Pour des vagues conséquentes et creuses, 2,50 m et plus. Une planche à partir 2,15 m (7') jusqu'à 2,60 / 2,70 m (8'6"- 8'10"). Epaisseur, entre 5,5 et 6,5 cm Les arrières laissés à l'appréciation: Square, Round ou Pin tails. Eviter les arrières sophistiqués.

CHOIX DU MATÉRIAU :

Sur le marché aujourd'hui beaucoup de matériaux disponibles, pour votre planche.

- MOUSSE DE POLYURÉTHANE/FIBRE DE VERRE.

Avantages : Matériau le plus courant, lors d'un choc, très facile à réparer, la mousse imbibée ne prend pas l'eau dans toute la planche; possibilité si l'on n'a pas de quoi réparer immédiatement, de rester quelques heures à l'eau sans trop de dommage. La réparation facile ne nécessite pas de qualification particulière.

Inconvénients : Pour des planches de grandes dimensions, 2,50 m et plus, poids plus élevé que ses sœurs en polystyrène. Relativement fragile.

- POLYSTYRÈNE/EPOXY :

Avantages : Matériau de base très léger, planche très légère, souvent utilisée par des bons surfeurs, en raison de sa grande légèreté.

Inconvénients : Lors d'un choc le polystyrène s'imbibe d'eau très rapidement, comme une éponge, obligeant à sortir de l'eau pour réparer.

- POLYPROPYLÈNE EXTRUDÉ :

Le polypropylène extrudé / soufflé.

Avantage : Très résistant aux chocs, ne se raye pas. Prix attractif.

Inconvénients : Poids de 20 à 30 % supérieur aux autres matériaux. Planche donc plus lourde à trimbaler entre la voiture et le pic.

- LE SANDWICH :

Avantages : Gain de poids, bonne propriété d'amortissement dynamique, bonne absorption des contraintes.

Inconvénients : mise en œuvre plus difficile et délicate que les autres matériaux, prix élevé de 20 à 40 % supérieur au classique custom.

Faites votre choix chez Guitou, l'auberge espagnole du surfeur.

TABLEAU DE CONVERSIONS

En surf on parle le plus souvent en pieds et pouces : 1 pouce (inche) = 2,54 cm ;
1 pied (foot) = 30,48 cm, dans 1 pied il y a 12 inches. Un inche est divisible en 1/2, 1/4, 1/8ème, 1/16ème et 1/32ème.
Exp. : pour une épaisseur : 2"3/8 = 6,1 cm,

LONGUEUR /	5'5" 1,63	6'3" 1,90	7'1" 2,16	7'11" 2,41	8'9" 2,67	9'7" 2,92	10'10" 3,30
LENGTH	5'6" 1,66	6'4" 1,93	7'2" 2,18	8'0" 2,44	8'10" 2,69	9'8" 2,95	11'0" 3,35
	5'7" 1,69	6'5" 1,95	7'3" 2,21	8'1" 2,46	8'11" 2,72	9'9" 2,97	11'2" 3,40
INCHES .... MÈTRES	5'8" 1,72	6'6" 1,98	7'4" 2,23	8'2" 2,49	9'0" 2,74	9'10" 3,00	11'4" 3,45
	5'9" 1,75	6'7" 2,01	7'5" 2,26	8'3" 2,51	9'1" 2,77	9'11" 3,02	11'6" 3,51
5'0" 1,52	5'10" 1,77	6'8" 2,03	7'6" 2,29	8'4" 2,54	9'2" 2,79	10'0" 3,05	11'8" 3,56
5'1" 1,54	5'11" 1,80	6'9" 2,06	7'7" 2,31	8'5" 2,57	9'3" 2,82	10'2" 3,10	11'10" 3,61
5'2" 1,56	6'0" 1,83	6'10" 2,08	7'8" 2,34	8'6" 2,59	9'4" 2,84	10'4" 3,15	12'0" 3,66
5'3" 1,58	6'1" 1,85	6'11" 2,10	7'9" 2,36	8'7" 2,62	9'5" 2,87	10'6" 3,20	
5'4" 1,61	6'2" 1,88	7'0" 2,13	7'10" 2,39	8'8" 2,64	9'6" 2,90	10'8" 3,25	

Si vous faites le calcul précis, vous remarquez que parfois il peut y avoir un décalage. Le calcul véritable se faisant 3 chiffres après la virgule, la dimension est portée au chiffre supérieur, lorsque ce 3ème chiffre est supérieur à 5, et inversement.
Exemple : 8'9" font 2,667 m arrondi à 2,67 m.

LARGEUR / WIDTH	17" ¾ 45,0	19" ½ 49,5	21" ¼ 54,0	EPAISSEUR /	2" 3/16 5,6	2" ¾ 7,0
	18" 46,0	19" ¾ 50,0	21" ½ 54,5	THICKNESS	2" ¼ 5,8	3" 7,6
INCHES .... CM	18" ¼ 46,5	20" 51,0	21" ¾ 55,0		2"5/16 5,9	3" 1/8 8,0
	18" ½ 47,0	20" ¼ 51,5	22" 56,0	*INCHES .... CM*	2" 3/8 6,1	3" ¼ 8,3
17" 43,0	18" ¾ 47,5	20" ½ 52,0			2" 7/16 6,2	3" 3/8 8,7
17" ¼ 44,0	19" 48,0	20" ¾ 52,5		2'' 5,1	2" ½ 6,4	3" ½ 9,0
17" ½ 44,5	19" ¼ 49,0	21" 53,0		2" 1/8 5,4	2" 5/8 6,7	

RÉPARER SA PLANCHE

Il arrive parfois que la planche prenne quelques coups, il est préférable de réparer le plus vite possible. Deux types de kits de réparation sont vendus dans le commerce. La pâte à séchage rapide, quelques minutes, pour une réparation provisoire, qui vous permet de retourner à l'eau très rapidement. C'est en général un composant fait de deux pâtes que l'on mélange, le plus souvent adapté à tous types de matériaux.

Le kit de réparation complet dans lequel vous trouvez : la résine, son catalyseur, ciseaux, fibre de verre, mousse, ruban adhésif, papier de verre, gants etc...Certains kits sont uniquement époxy ou uniquement polyester, d'autres sont polyester et époxy. Bien se renseigner lors de l'achat.

Réparer : première des opérations, s'assurer que la planche est sèche. Dans le cas contraire laisser un moment au soleil. L'endroit de la réparation doit être parfaitement sec. Enlever la wax, poncer l'endroit cassé et aux alentours, nettoyer le plus proprement possible la cassure. Préparer la résine, ou mélanger les deux pâtes dans le cas d'utilisation du kit ultra rapide. Etaler sur la cassure à l'aide du petit bâtonnet, couvrir la résine à l'aide de l'adhésif prévu à cet effet. Laisser sécher quelques minutes, poncer, vous êtes prêt pour repartir à l'eau.

Sur le marché il existe quelques fabricants de kits : Surfco Hawaii distribué par Seabase à Hossegor. Solarez distribué par Ets Hoff à Bayonne.

LES COMBINAISONS

Le matériau des combinaisons est fait de néoprène et de jersey. Toujours plus performantes, ces combinaisons vous permettent de surfer toute l'année où que vous habitiez ; il suffit de bien vous équiper. Des dizaines de marques sont à votre disposition sur le marché. Pour chaque type de combinaison, il existe des modèles : hommes, femmes et enfants.

GLOBALEMENT TROIS TYPES DE COMBINAISONS SONT UTILISÉS :
intégrale, spring-suit, top.

Intégrale : cousu/collé une grande gamme à votre disposition, de 6/4mm; 5/4/3 mm; 4/3mm; 3/2 mm; 2/2mm.

Plusieurs systèmes de fermetures sont possibles. Fermeture dans le dos la plus courante, et en plus, parfait pour travailler la souplesse des épaules ! Fermeture devant sur la poitrine, avec Zip, très pratique. Fermeture velcro[1] scratch, s'enfile par le cou de la combinaison, très efficace pour empêcher l'eau de pénétrer, mais fragile. A chaque fois que vous enfilez la combinaison, vous distendez l'ouverture du cou, d'où usure prématurée du col et du haut de la combi.

Spring suit : 2/2 ; 2/1 mm ou 0,7 mm. Elle peut également être à manche longue. Là aussi, fermeture devant, dans le dos ou par le cou.

Top : de 0,5mm à 1 mm, permet de couper le vent en été. Evitez pour les trop poilus, de vous waxer le torse, et pour les dames de vous râper la poitrine ou de perdre votre maillot dans le cas des 2 pièces.

Chaussons : Une grande gamme de chaussons allant de 2mm à 5 mm, selon la température de l'eau dans laquelle vous vous plongez.

Cagoule : De la simple 0,5 mm à la plus enveloppante 3mm ou 5mm pour les grands froids.

Gants : là aussi du plus fin 1 mm au plus chaud 5 mm.

QUELLE COMBI. POUR QUELLE SAISON :

L'été : dans une eau à partir de 20°C, le short est le plus agréable. Un top ou un spring suit m/c de 0,7 mm ou 2/2 mm m/c pour les plus frileux. Et pour les journées très chaudes ou sous les tropiques, un lycra manches longues, pour éviter les coups de soleil. Dans certaines régions très chaudes une casquette est même souvent recommandée.

La ½ saison : dans une eau entre 17 - 20 °C, un spring suit 2/2 ou 2/1, m/c ou m/l.

La ½ saison : dans une eau entre 14 - 17 °C, une intégrale 3/2 mm c/c, chaussons recommandés.

L'hiver : Dans une eau inférieure à 12/13°C, une intégrale 5/4/3 c/c ou 4/3 c/c, des chaussons, une cagoule, des gants pour les plus frileux.

Extrême : Dans une eau à 6/7 °C et en dessous, une 6/4 ou 5/4, en dessous un top de 0,5 mm ou 0,7 mm, cagoule, chaussons et gants.

En hiver le vent augmente l'effet de froid, vent de terre souvent froid ou vent du Nord pour l'hémisphère nord. Vent de Sud pour l'hémisphère sud.

Cousu/collé : c/c
Manche courte : m/c
Manche longue : m/l

Intégrale

Gants

Chaussons

LE LEASH

S'il n'est pas obligatoire, il est très vivement recommandé surtout lorsque vous débutez. Fait en trois parties :

Le bracelet qui entoure la cheville, bracelet velcro (scratch), simple ou double, avec émerillon afin d'éviter que le leash ne s'entortille.

Un « élastique » en uréthane, d'un diamètre de 4 à 7 mm, d'une longueur de 1,80m à 2,50m, dans la plupart des cas. Attention à ne pas prendre un leash trop court, la planche revient vers vous très vite et vous risquez l'accident. Les big waves riders utilisent des leash de 4 m et plus.

Un protège rail, bande de sangle de 3 à 4 cm de large, qui a deux fonctions : permet l'attache du leash à l'arrière de la planche par l'intermédiaire du plug, au moyen d'un velcro ; évite au leash d'entailler la planche lors d'une chute.

LA WAX

L'antidérapant le plus couramment utilisé dans le surf, un savant mélange de paraffine et de quelques autres produits (secret de fabrication oblige) agrémenté d'un suave parfum des îles.

Trois types de wax : Eau Froide, cool water ; Eau tempérée, all water ; eau chaude, hot water.

Il existe un nombre incalculable de fabricants de wax à travers le monde, de la plus à la moins efficace. Testez -en plusieurs et choisissez votre parfum.

Ne gardez pas trop longtemps la même wax sur la planche. Ayez le courage de déwaxer au minimum une fois par an. Pour déwaxer , enlever le plus gros avec une spatule en plastique, puis utiliser de la sciure de mousse de polyuréthane, facile à trouver chez tous les shapeurs. Frotter la planche avec cette sciure, la wax s'enlève alors facilement. Renouveler l'opération jusqu'à ce que la planche soit totalement propre.

GRIP

C'est un antidérapant que l'on colle sur la planche, il est utilisé pour les deux pieds, ou uniquement pour le pied arrière. Il permet de caler le pied arrière lors des manœuvres radicales. Bien nettoyer la planche avant de poser le grip.

POUR LES OREILLES

Il arrive à beaucoup de surfeurs d'avoir des problèmes aux oreilles. Le vent, l'eau froide et les séjours prolongés dans l'eau, provoquent une réaction de l'oreille que l'on nomme exostose. Utilisation de bouchons vivement recommandée.

[1] velcro : Le système d'attache velcro (marque déposée) fut inventé en 1948 par un ingénieur suisse Georges Mestral. Ce mode d'attache est utilisé dans le surf depuis les années 70, pour sa très grande résistance à la traction, et sa facilité d'attache et de détache en une fraction de seconde.

Waxer sa planche un passage obligé avant toute session.

Qu'est-ce **qu'une planche ?**

Le surf requiert l'emploi d'un accessoire : La planche de Surf. Mais contrairement à un grand nombre d'autres sports ou « l'objet » est interchangeable à volonté, (en rugby, ce n'est pas le ballon qui fait la qualité d'un ¾ aile ou d'un ½ de mêlée) la planche a une très grande importance, si elle ne fait pas le surfeur elle y contribue.

l'artisan/shapeur un véritable artiste, l'orfèvre du surf, celui qui va vous façonner un petit bijou.

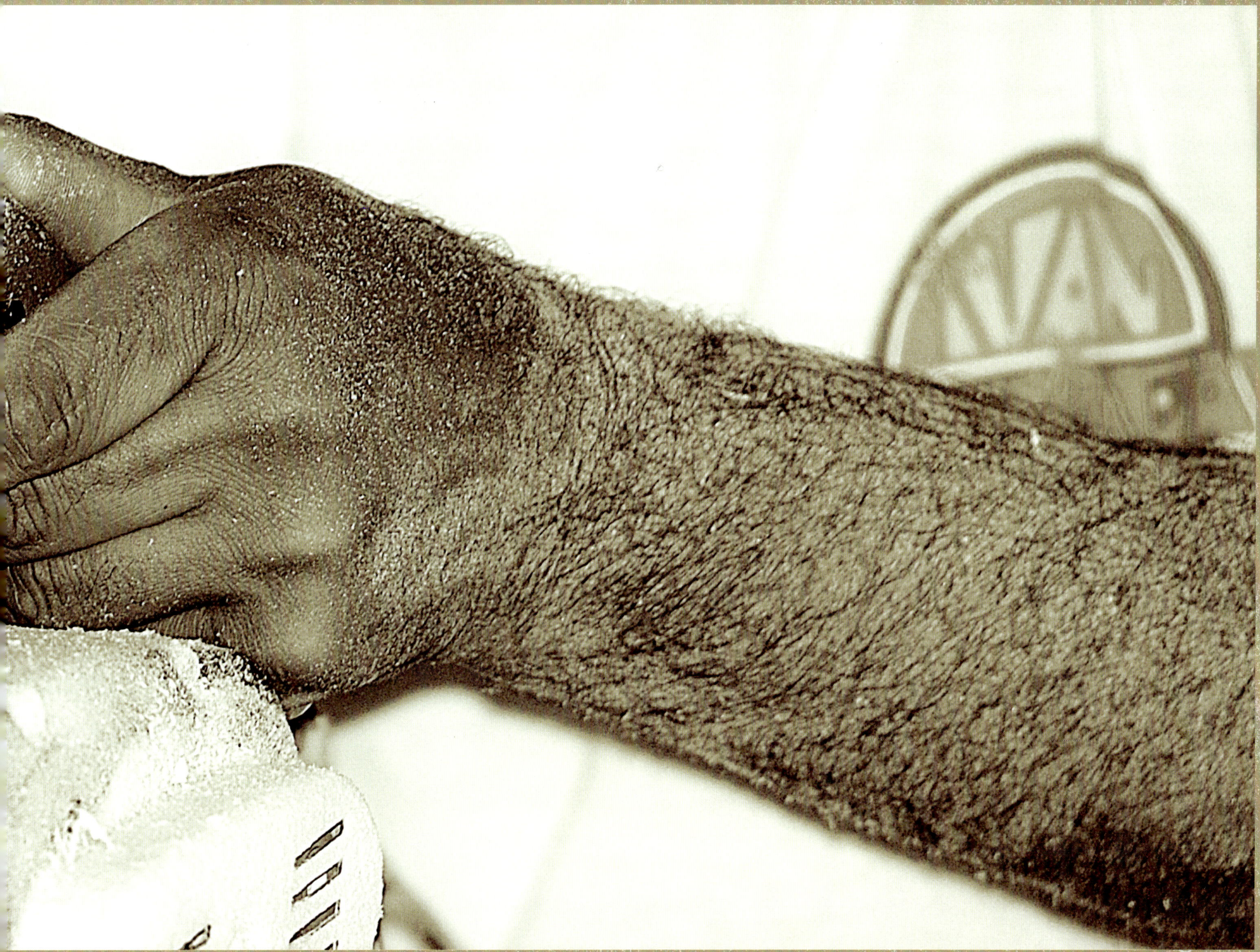

Dernière lueur du jour aux Canaries.

Au fil du temps et de son évolution elle est devenue un « objet d'art » quasiment mythique. Il existe une très grande quantité de modes de fabrication de planches. Les formes ou shapes se déclinent à l'infini, et chaque surfeur a son idée du shape idéal, pour ne pas dire « son idéal de shape ».

Une grande variété de techniques de fabrication, et de matériaux sont à votre disposition, et l'industrialisation prend petit à petit le pas sur l'artisan/shapeur.

Les premières planches de surf depuis la nuit des temps, étaient en bois. Taillées dans un tronc d'arbre, très lourdes et très encombrantes (30 à 40 kg pour 4 m) elles ne possédaient pas de dérive.

C'est sur l'initiative de Tom Blake en 1935, que la dérive apparut. Le premier, il a l'idée de doter/équiper sa planche d'une dérive, progrès fulgurant dans le contrôle de la planche. C'est à partir de là, que les courbes et les figures ne vont plus jamais cesser de progresser.

Durant les années 50, histoire d'alléger les planches, on se sert de balsa. Mais cette fabrication, si elle existe toujours de nos jours, reste anecdotique, car très chère, et difficile d'approvisionnement en matière première. Avec la déforestation de la planète, le balsa se fait de plus en plus rare. La planche en balsa est devenue un objet de convoitise si elle est ancienne. Un très beau cadeau, que l'on se fait si elle est récente.

LA GRANDE INNOVATION

C'est à partir des années 50 que les matériaux composites font leur apparition. Une innovation de Gordon Clarke associé à Hobie Alter. Naissait le pain de mousse polyuréthane, qui, enrobé de tissu de verre et de résine polyester, donne la fameuse planche Custom[1]. C'est aux débuts des années 60 que le Californien Gordon Clark, crée sa société Clark foam, et industrialise la fabrication du pain de mousse. Il conservera la suprématie de la fabrication du pain de mousse jusqu'à la fermeture définitive de son activité en décembre 2005. Fermeture pour cause de tracasserie administrative californienne[2], due à la pollution de cette activité.

FABRICATION :

Le pain de mousse après avoir été moulé dans un moule en béton, est coupé en deux, une latte de bois est collée en son milieu. Il est ensuite shapé (mis en forme) à la main par un shapeur. Un dégrossissement peut-être opéré à la

Tous les talents pour Adriano de Souza.

C'est sur l'initiative de Tom Blake en 1935, que la dérive apparut.

machine. Puis il est recouvert de fibre de verre et de résine polyester. Ensuite pose des dérives, du plug, ponçage etc.....

Ce mode de fabrication dit « classique » polyuréthane/ résine polyester, couvrira 98 % du marché, des années 60 aux années 2000. Sa longévité est autant due à la suprématie de Clark, qu'à la facilité de mise en œuvre et de se procurer les matériaux. Et ce, même si cette fabrication n'est pas la meilleure au niveau résistance mécanique et performance.

POLYSTYRÈNE/ÉPOXY

Les matériaux composites faisant d'énormes progrès, le polystyrène/époxy fait son apparition dans le surf au milieu des années 80. Ce matériau plus léger et plus rigide reste peu utilisé en surf, même s'il est reconnu comme plus réactif et plus solide que le polyuréthane/polyester.
Son mode de fabrication reste le même que pour le polyuréthane/ résine polyester, seuls les matériaux changent.

LE SANDWICH

C'est également à partir des années 80 que le sandwich fait son apparition dans le surf. Issu de la planche à voile, ce procédé léger et solide, met pas mal de temps avant d'être accepté par les surfeurs.
Dans ses débuts, il n'est utilisé que par quelques ateliers, car au stade artisanal, il demande une mise en œuvre et un savoir-faire minutieux. Ce procédé a été repris au stade industriel en Thaïlande, donc avec de gros moyens, pour donner les planches Surf tech.
Les planches Salomon apparues dans les années 2000, sont également fabriquées sur le même principe du sandwich, sauf qu'en son milieu, au lieu d'un pain de mousse, c'est une armature creuse qui forme le corps de la planche.

[1] Custom est dit d'une planche fabriquée à la main par un artisan que l'on appelle shapeur.

[2] Texte complet sur le site : www.thierryorganoff.com en anglais, de la main de Gordon Clark, expliquant pourquoi il cesse définitivement son activité

Très peu de place dans ce tube parfait négocié par Xavier Leroy, sur la mythique gauche du Quemao à Lanzarote.

Prue Jeffrey nullement impressionnée par kelly Slater qui en bas de vague n'en croit pas ses yeux.

Les machines **à shaper**

La première machine à shaper au monde, datant des années 80 et toujours aussi performante. Elle fut construite et mise au point par Michel Barland, ingénieur en mécanique et touche-à-tout de génie !

Le shape peut très vite devenir un travail fastidieux et pénible surtout dans la première phase, celle du dégrossissage du pain de mousse. Les shapeurs ont donc toujours cherché à simplifier cette première partie du travail, et notamment en fabricant une machine qui ferait ce job à leur place. C'est Michel Barland qui, le premier au Monde, réussit à mettre au point la première machine à shaper. Michel Barland, ingénieur en mécanique et inventeur de génie, se mit au travail et en 1981 il réussit à mettre au point la première machine à shaper. Une fraise, spécialement conçue pour cette machine, qui reliée à un programme informatique, créé spécialement, se promène sur la planche et « shape » le pain de mousse. Depuis la mort de Michel Barland en 1992, c'est son fils et grand shapeur également, Philippe qui a repris le Flambeau du shape. Et c'est son autre fils, Jean Barland, qui a mis au point la seconde génération de machine à shaper, Made in France. En 1986 les Américains, ne voulant pas être en reste, mettent au point également un modèle de machine, KKL, mais basée sur la copie d'une planche. Alors que la machine Barland peut, elle, créer ses propres modèles si la personne derrière l'ordinateur est suffisamment compétente. A l'heure actuelle, chaque continent de surf a développé son propre modèle. On estime, qu'il existe aujourd'hui, en service, une centaine de machines à shaper à travers le Monde.
La machine à shaper fait ce que l'on appelle un pré-shape, c'est la forme générale de la planche très dégrossie, et bien avancée, finalisée par le shapeur. Là encore, la machine ne peut remplacer la main de l'homme. Les 3/4 des ateliers utilisent des pré-shapes, ce qui permet d'avoir une copie conforme de planches déjà existantes, et de varier à l'infini les côtes et courbes. La touche finale restant toujours l'exclusivité du shapeur.

Pain de mousse pré-shapé.

Préparation **physique**

La pratique du surf fait appel à des muscles que nous n'avons pas forcement l'habitude de solliciter de cette façon. Il est nécessaire de s'y préparer quelques semaines à l'avance, afin de ne pas perdre trop de temps une fois à l'eau.

Séance de stretching avant la session, tout le monde n'a pas la chance d'être aussi souple que Tiago Oliveira.

Une bonne séance de stretching avant la mise à l'eau très important pour une bonne session, Marine Bourroux.

La meilleure des préparations (même si le mouvement n'est pas 100% identique à celui du surf) est la natation, le crawl en particulier. Il vous permettra de travailler la technique de rame, tout en cultivant votre souffle et facilitant votre accoutumance à l'élément marin. La piscine, une à trois sessions par semaine, de 500 mètres à 1 km selon vos possibilités. Travailler les apnées également, ne peut pas vous faire de mal.

Si vous avez un petit lac à côté de chez vous ou dans votre jardin, tous les jours avec la planche, une demi -heure de rame, vous serez fin prêt pour les vagues !

Stretching : Avant toute session de sport il est important d'échauffer les muscles. Il en est de même en surf. L'échauffement en douceur ou stretching est sans aucun doute la meilleure façon de se préparer sans risques.

Joli bodysurf pour le DTN de la Fédération de surf, Francis Distinguin.

Le Body surf :

Le body surf est l'action de prendre une vague avec son corps seul.
Le body surf nécessite la plupart du temps l'utilisation de palmes, qui en facilitent grandement la pratique.

TECHNIQUE DU BODY SURF :

La technique consiste à prendre une vague, tout droit en direction du bord (dans un premier temps), à l'aide de son corps.
Lorsque la vague est à 1 ou 2 mètres de vous, commencer à nager vigoureusement vers le bord, tout en palmant énergiquement, afin de prendre une vitesse suffisante, laissez-vous alors entraîner par la vague. De votre vitesse initiale dépendra ou non que la vague vous entraîne. Pour la position des bras deux possibilités, première option : les bras tendus vers l'avant mains à plat sur l'eau. Deuxième option : les bras le long du corps, mains bien à plat de façon à offrir le plus de portance possible à la vague.
Se laisser porter le plus loin possible vers le bord. Répéter l'opération jusqu'à sentir l'osmose avec la vague, les progrès viendront alors très vite. Pour les débuts, choisir une plage plate sans rocher où les vagues n'excèdent pas un mètre. Le body surf est à la base de tout enseignement du surf. Pratiqué très tôt, il permet d'appréhender l'élément marin, afin de s'y trouver rapidement à l'aise et autonome. Bien maîtrisé il vous permettra de sortir de situations difficiles le cas échéant. Il vous procurera en plus de grandes joies lorsque les vagues ne seront pas à votre convenance tout en vous permettant de garder ou d'acquérir une super condition physique.

Sécurité

Comme l'écrivait James Cook durant son premier voyage autour du monde : « Et si le meilleur nageur de l'Europe se fût trouvé, par quelque accident, exposé à leur furie, je suis persuadé qu'il aurait été bientôt englouti par les flots ».

Surfeur ou baigneur la sécurité est un élément à prendre très au sérieux lorsque l'on s'aventure à l'océan.

Tout simplement un jour classique d'automne et d'off-shore dans les Landes, la décontraction du coureur de tube.

Il parlait de Tahitiens jouant dans les vagues, et cela se passait en 1769. Aujourd'hui tout le monde se baigne, va à la mer et profite des joies des vagues. Il n'en demeure pas moins, que l'océan est un élément qui souvent peut -être hostile, si l'on ne prend pas garde.

SAVOIR REGARDER

La première des démarches consiste à regarder où se jeter à l'eau.
Première des règles fondamentales : les limites de baignades. Il existe des zones de bain délimitées par des drapeaux. Ces zones de bain sont totalement interdites aux surfeurs. De plus, de part et d'autre de ces zones, une zone tampon, de 50 à 100 m a été établie où le surf est interdit. Le reste de la plage restant libre à la pratique. Nous voyons souvent des surfeurs pratiquer au ras des zones de baignades, lorsqu'il n'y a pas de zone tampon. Or, il faut savoir que si vous perdez votre planche, cassez votre leash ou pire surfez sans leash, une planche peut très facilement se retrouver dans la zone de bain. Et qu'une planche, notamment pour un enfant peut-être très dangereuse. Alors soyez toujours vigilant en bordure de zone de bain. Chaque plage ou lieu de pratique a sa spécificité, sachez reconnaître ces différents lieux.

SAVOIR RECONNAÎTRE LES DIFFÉRENTS TYPES DE PLAGES

PLAGE À FOND PLAT : celle qui est le plus propice à l'apprentissage du surf.
Type de plage : Hendaye (Pays Basque) les Sables d'Olonne (Vendée).
PLAGE À FOND ROCHEUX OU DE CORAIL : Plage souvent très propice au surf, mais la zone de take-off peut présenter un danger. Et pour un débutant ces rochers peuvent être impressionnants, comme la vague qui casse sur peu d'eau. Plutôt réservée aux surfeurs déjà aguerris. Type de plage : La Sauzaie (Vendée) Le Moule (Guadeloupe).
PLAGE AVEC ÉPIS : Epis aménagés artificiellement afin de protéger le littoral de l'avancée de la mer. Des bancs de sable se formant souvent, cela donne de bonnes conditions de surf, mais un courant qui amène vers le large. Ces épis restent pour le surfeur toujours un danger. Bien regarder avant d'aller à l'eau.
Type de plage : La Barre (Anglet) Lacanau (Gironde)
PLAGE SHORE BREAK : Les vagues en rouleaux de bord, directement sans eau dessous. Souvent de très belles vagues réservées aux très bons surfeurs. Vagues et plages très dangereuses. Non aguerri s'abstenir.
Type de plage : La Gravière (Landes)
PLAGE AVEC HAUT FOND AU LARGE : Très souvent de belles conditions de surf. Les vagues y sont souvent solides, et propices au gros surf. Les séries décalent énormément. Réservées aux initiés. Type de plage : La Nord (Landes) Guéthary (Pays Basque) Belhara (Pays Basque)
PLAGE PRÉSENTANT DES BAÏNES : Typique des plages de sable. Des bancs de sable, forment un « trou d'eau » appelé baïne. La sortie d'eau de cette baïne, forme de forts courants très dangereux. Devant le banc de sable, souvent de belles vagues. Faire très attention. Ces baïnes sont souvent signalées par des panneaux explicatifs.
Type de plage : Une grande partie des plages de sable d'Aquitaine.

La gestion de la fatigue, une chose qui n'est pas assez prise en compte. Et pourtant au bout de quelques heures la fatigue se fait sentir, mais les vagues sont belles, le plaisir est là. Et c'est souvent là qu'arrive l'accident. Comme à ski, la dernière descente est souvent celle de trop. Savoir sortir de l'eau avant d'arriver à cette extrême fatigue, pour boire de l'eau, pas une bière, vous restaurer, à l'ombre de préférence, et vous reposer. Le plaisir d'y retourner n'en sera que plus grand. Rester 4 à 5 heures d'affilée, comme cela se fait parfois, est totalement à proscrire. La session d'échauffement stretching est à prendre au sérieux. Elle vous évitera beaucoup de désagréments. Une fois dans l'eau, toujours avoir l'œil sur ceux qui vous entourent. Ne jamais se coller à un autre surfeur surtout lorsque la série arrive. Veiller à

Toujours être prudent et bien regarder avant de se jeter à l'eau, souvent le rocher est à proximité, comme ici avec Axel Lerga.

Ces zones de bain sont totalement interdites aux surfeurs.

bien observer les autres surfeurs, surtout après le passage d'une belle/grosse série, un surfeur peut se trouver en difficulté. Vous n'êtes pas loin, vous pouvez très vite lui porter secours. Dans la mesure du possible, ne jamais lâcher sa planche. Et si cela vous arrive, bien regarder avant s'il n'y a pas quelqu'un derrière. D'une façon générale, toujours vous décaler lorsque vous êtes derrière un autre surfeur. Le surf est sans aucun doute l'un des sports le plus boulimique qui soit. Une fois sur la vague il n'y a de cesse que la chute ou la fin de vague. Chaque figure à peine terminée, entraîne la préparation d'une nouvelle : le take off entraîne le bottom qui lui entraîne soit un tube, soit un roller, soit un cut back, lesquels entraînent à nouveau et en perpétuelle répétition (à l'infini ?) l'une des figures précédentes. Et ce, sans interruption aucune, jusqu'à plus soif. Dans d'autres sports comme le tennis, le point fait, vous avez quelques secondes pour changer de côté, vous mettre en place et faire le service. Ici en Surf, à peine une vague terminée, durant laquelle vous n'avez pas chômé, il faut vous remettre à ramer sous peine de vous faire manger par la série. Et ainsi de suite.

Apprendre **à surfer**

Si vous prenez la définition du petit Larousse :
« Sport consistant à se maintenir en équilibre sur une planche portée par une vague déferlante »

Le rêve de beaucoup de surfeurs, un beau Guéthary ensoleillé sur fond d'off shore.

“ L'action de surfer consiste à revenir du large vers le bord,
debout sur une planche en se servant de l'energie de la vague,
l'energie generée par la vague, tout en conservant une trajectoire
permette en permanence de garder une très grande vitesse,
afin d'effectuer dans les meilleures conditions possibles,
un maximum de figures, fonctionnelles, aeriennes ou non,
avec du style, sans aucune perte de vitesse ni d'équilibre.”

Qu'est-ce que le surf ?

Une définition sommaire d'académicien, qui somme toute, résume globalement l'action de surfer. Si nous voulons approfondir et aller plus loin.
Je dirais :
« L'action de surfer consiste à revenir du large vers le bord, debout sur une planche en se servant de l'énergie de la vague, l'énergie générée par la vague, tout en conservant une trajectoire qui permet en permanence de garder une très grande vitesse, afin d'effectuer dans les meilleures conditions possibles, un maximum de figures, fonctionnelles, aériennes ou non, avec du style, sans aucune perte de vitesse ni d'équilibre ».

Cette définition représente le surf idéal, le but vers lequel tout surfeur tend tout au long de son existence, sans jamais y parvenir.
Mais le surf c'est pour les ¾ des surfeurs, un moment de plaisir, ludique que l'on partage entre surfeurs sans se prendre la tête, tout en essayant de progresser en permanence. Apprendre à surfer, c'est emmagasiner un très grand nombre d'informations, toutes liées les unes aux autres. L'idéal serait de tout ingurgiter en une fois dans la même séance. Cela n'étant pas possible, il fallait définir un ordre de priorités.

Débutant s'abstenir, l'amerrissage se fait dans 50 cm d'eau et la sanction sera sévère pour celui qui ne connaît pas.

Pour débuter, si possible, choisir un jour de petites vagues sans trop de monde à l'eau.

Les Premiers pas

CHOIX DU LIEU

On ne débute pas n'importe où. Pour débuter, choisir de préférence une plage plate, éviter les pointes rocheuses, impressionnantes et dangereuses pour un début. Choisir un jour de petites vagues 0,80 m / 1,20m maximum. Si possible un endroit où vous avez pied. Choisir un endroit avec le moins de monde possible à l'eau, personne serait l'idéal, c'est rarement le cas.

Surtout pas de vagues trop creuses ou de shore break, rouleaux de bord qui cassent sur peu d'eau, donc dangereux.

Droite

Gauche

Ainsi, une droite est une vague qui déroule vers votre gauche depuis le bord, et une gauche déroule toujours depuis le bord, vers votre droite.

CHOIX DU PIED *A effectuer sur le sable.*

La position du surfeur sur la planche

Tracez une ligne sur le sable, allongez vous sur cette ligne, le corps bien dans l'axe de part et d'autre de cette ligne. Posez les mains à plat à hauteur des épaules. Poussez sur les bras et dans le même temps ramenez vos jambes sous vous le plus en avant possible. Les pieds dans l'axe de votre corps. Pied arrière à 90 ° par rapport à cette ligne, pied avant à 45°. Instinctivement un des pieds sera en avant. Vous avez ainsi défini votre appartenance au clan des : Normal-foot pied gauche devant ; ou des goofy-foot pied droit devant. Il peut arriver que cette position change en cours d'apprentissage, mais cela est relativement rare. Dans ce cas aucun problème.

DROITE OU GAUCHE

Si vous observez correctement une vague, vous constatez qu'elle déroule, soit d'un côté, soit de l'autre. On dit qu'elle déroule à droite ou à gauche. Le sens de déroulement droite ou gauche est déterminé lorsque l'on est au large et que l'on regarde la plage. Ainsi une droite est une vague qui déroule vers votre gauche depuis le bord, et une gauche déroule, toujours depuis le bord, vers votre droite. Un regular foot est de face sur une droite, de dos sur une gauche. Un Goofy-foot est de face sur une gauche, de dos sur une droite. Il arrive que quelques rares surfeurs, évoluent indifféremment de dos ou de face sur une droite ou sur une gauche. On dit alors qu'ils sont switchfoot.

L'expression session le moment où les compétiteurs se lâchant, comme ici le portugais Tiago Pires sur ce re-entry explosif.

Apprendre à ramer

Le premier des apprentissages : la rame. Avant toute chose savoir ramer. La position idéale est allongée sur la planche le corps dans l'axe, équilibrée de façon à ce que la planche soit le plus possible à plat sur l'eau, pour une bonne glisse. Ni trop en avant ni trop en arrière. Une bonne position de rame permettra ou non un bon take-off. Trop en avant, vous piquez du nez, trop en arrière, vous poussez de l'eau, il sera alors impossible de prendre de la vitesse et donc la vague.

Le mouvement de rame : allez chercher l'eau loin devant, tirez le bras vers l'arrière comme pour le crawl, alternativement bras droit, bras gauche. Inutile de plonger trop profond le bras, ni d'aller chercher loin derrière, la rame est un mouvement court.

Pour vous rendre au large, gardez la planche toujours face à la vague, nez vers le large. Attention. Une planche mise en travers de la vague, vous reviendra à la moindre vague dans la figure. Avant d'attaquer le take-off à proprement dit, familiarisez vous avec cette position de rame. Maintenir la planche bien à plat sur l'eau et maîtrisez cet effet de roulis, très familier chez les débutants, lorsque vous êtes assis sur la planche.

auvaise position de rame poids du corps trop en arrière.

Bonne position de rame planche bien à plat sur l'eau.

Mauvaise position de rame poids du corps trop en avant.

Passages de vagues

PAR-DESSUS :

Lorsque les vagues sont très petites, moins de un mètre. La vague arrivant à hauteur du nez de la planche, poussez sur les bras pour décoller le corps de la planche. Dans le même temps prendre appuis sur vos pieds ou vos genoux sur l'arrière de la planche. Ceci afin d'offrir le moins de résistance possible au passage de la vague. Une fois la vague passée reprendre le cours normal de la rame.

DUCK-DIVE

Plus couramment appelé « canard », c'est l'une des techniques les plus efficaces pour passer les vagues et se rendre au large, lorsqu'il n'est pas possible de contourner le pic.

Ce mouvement consiste en un passage du surfeur sous la vague en symbiose avec sa planche. Passage suffisamment profond où les turbulences se font

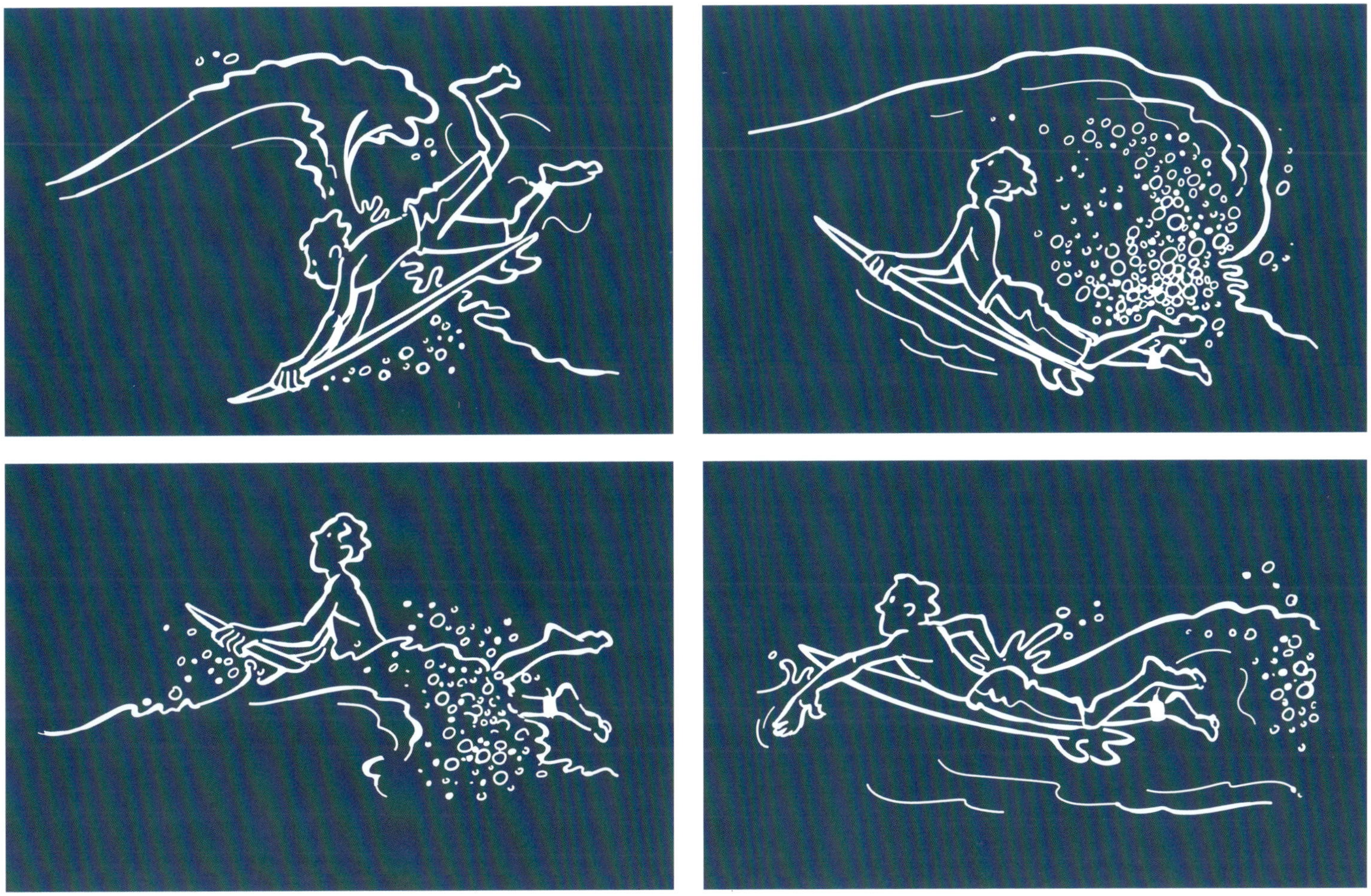

le moins sentir. Lorsque la vague arrive à 3 - 4 mètres du surfeur, saisir la planche très en avant pour vous permettre de plonger avec la planche le plus profond possible sous la vague, en appuyant de tout votre poids bien sur l'avant. Sous l'eau, offrir le moins de résistance possible à la vague, en vous allongeant sur la planche. Une fois la vague passée, amorcez la remontée en appuyant sur l'arrière de la planche, soit à l'aide du genou soit du pied, le tout aidé par les bras, dans un mouvement tendant à ramener la planche vers la surface. La vague passée, reprendre rapidement la position de rame.
Selon la taille de la vague les turbulences se font plus ou moins sentir en profondeur. D'où la nécessité de plonger le plus profond possible, hors d'atteinte des turbulences.
Avec une planche qui offre du volume comme un mini malibu, il est parfois difficile de bien enfoncer la planche sous l'eau. Au moment de plonger avec la planche, prendre un léger angle, cela facilite le passage sous la vague. Pour vous rendre au large, essayez lorsque cela est possible de contourner le pic, pour deux raisons : Premièrement, vous ne gênez pas les surfeurs évoluant sur la vague, c'est la base d'une bonne entente dans l'eau. Deuxièmement, vous évitez de vous fatiguer en ne prenant pas toutes les séries sur la tête.

Une vague ou l'on rentrerait facilement à deux, mais même pour cet habitué des tubes Charlie Gomez Saumiento, il faut rester très concentré.

Pas gêné par la foule pour ce petit surf hivernal, le tout c'est d'être très bien équipé.

Définir la hauteur d'une vague

Sujet épineux, très subjectif, qui porte à controverse et sur lequel les surfeurs eux-mêmes ne sont pas d' accord. Selon que l'on habite l'Europe, l'Australie ou Hawaii, la façon de définir la hauteur d'une vague varie. Pour définir la hauteur d'une vague, ce n'est pas le mètre[1], celui qui sert de référence, qui prime dans le surf. Pour un surfeur, de 0 à 50 cm, c'est souvent négligeable, donc pas de vague. Ensuite si on dit, il y a 50 à 80 cm cela fait, double décimètre en main, un mètre. Lorsqu'un surfeur dit, il y a 1 mètre, on mesure la vague réelle et elle est souvent de 1,20 / 1,30m. Lorsque la vague arrive au-dessus de la tête du surfeur, on dit 1,50 m.

Et 2 m, c'est lorsque vous en avez beaucoup au-dessus de la tête, bras en l'air. Du 2,50 m ou 3 m cela fait beaucoup plus en mesure réelle. Et cela c'est pour l'Europe. Si vous êtes à Hawaii, on mesure la vague de derrière. Et alors là, c'est une autre paire de manches. Allez faire un tour à La Mecque et vous verrez !

[1] Définition : Unité de longueur (symb. m) égale à la longueur du trajet parcouru dans le vide par la lumière pendant une durée de 1/299 792 458 de secondes. Et ce depuis 1983. Le Petit Larousse illustré 2006.

Figures Classiques

Dans toute figure de surf, l'action des bras est fondamentale. Ils servent autant à équilibrer votre corps, (comme le balancier de l'équilibriste sur son fil) qu'à aller chercher des appuis imaginaires, réels parfois, qui serviront de pivot ou simplement à vous situer par rapport à l'élément, lors du tube par exemple. D'autre part, il est fondamental d'exploiter toute l'amplitude (la hauteur) de la vague. Meilleure sera l'amplitude, plus on captera la totale énergie de la vague. La vague arrive de très loin, souvent plusieurs milliers de km, elle a en route emmagasiné une certaine énergie, le but du surfeur, c'est d'être capable de puiser toute l'énergie contenue dans cette vague, pour propulser sa planche.

Dans une eau à 10 °C et des vagues solides, la technique est plus que jamais nécessaire.

Furtif

Il faut toujours avoir présent à l'esprit, qu'une figure de surf, dure de 1' à 3 secondes maximum. Ce qui ne vous laisse pas véritablement le temps de réfléchir au bien fondé de votre action ou de votre position. C'est la raison pour laquelle au début, l'apprentissage doit se faire en souplesse sans vouloir forcer, ni la planche, ni la vague et encore moins votre corps, dont les automatismes ne sont pas encore acquis.

Nous voyons très souvent des surfeurs qui croient faire de belles figures en bougeant dans tous les sens. Ils pompent sur la planche, bougent les bras façon sémaphore. Sans absolument aucune technique, et bien entendu aucune efficacité. Résultat, la planche va tout droit. Et ils sont persuadés savoir surfer.

Faire prendre un angle à la planche est à la base de toute figure.

Take-off

Le take-off est le passage d'une position allongée à la position debout, le tout sur un élément en mouvement.

Le secret du take-off est votre vitesse de départ par rapport à la vague. Si cette vitesse est trop faible, la vague n'aura pas suffisamment d'énergie pour vous entraîner et vous dépassera.

La rame pour le take-off, doit être très énergique et tonique, afin de donner une forte impulsion, et prendre en quelques mètres, une vitesse suffisante pour que la vague vous entraîne. Il n'est pas du tout nécessaire d'avoir de gros muscles pour être tonique, tout est dans l'énergie que vous y mettrez.

Lorsque la vague est à quelques mètres de vous, 3 - 4 mètres, ramez de toute votre énergie, planche à plat sur l'eau. Lorsque la vague arrive à votre hauteur, laissez la vous entraîner jusqu'au bord, à plat ventre, dans un premier temps. Poussez sur les avants bras et décollez votre buste de la planche. Les mains à hauteur des épaules de part et d'autre de la planche. Si vous vous sentez bien sur la planche et avec votre glisse, répétez cet exercice plusieurs fois, jusqu'à ce que vous vous sentiez en harmonie avec la vague. Vous verrez très vite qu'en poussant légèrement (bras tendus) plus d'un côté que de l'autre, la planche prend la direction du côté où vous poussez. Bien vous familiariser avec cela. Faire prendre un angle à la planche est la base de toute figure. Ce que vous faites avec vos bras, il faudra le répéter debout sur la planche avec vos pieds et jambes. Puis grâce à un mouvement d'ensemble du corps.

Se lever ; répéter le mouvement de départ rame / tonique / énergique. Lorsque vous sentez la planche prendre de la vitesse, poussez sur les bras, buste décollé de la planche, mains à hauteur des épaules. Dans le même temps, ramenez vos jambes sous votre buste, pieds dans l'axe de la planche, pied avant à 45° pied arrière à 90°. La difficulté, est que ce mouvement doit être fait rapidement, mais en douceur de façon à ne pas vous déséquilibrer. La position du corps, fléchi sur les jambes, le buste droit ou très légèrement incliné vers l'avant.

Attention à la répartition du poids du corps. Très souvent le poids est porté sur le pied arrière, la planche lève alors du nez et la vague ne vous entraîne plus. Gardez cette position d'équilibre et suivez la vague tout droit. Bien maîtriser le take-off avant d'attaquer le bottom-turn.

ATTENTION : Eviter dans la mesure du possible de passer par la position intermédiaire à genoux ! Mais pour certaines personnes, moins à l'aise ou moins toniques sur la planche, il est possible de passer par cette phase à genoux. Ensuite le pied avant se positionne, puis vient le pied arrière et la levée sur la planche. Ce n'est pas le plus académique, mais c'est parfois une bonne solution.

OBSERVATION ! Si vous regardez attentivement un take off (très visible à la vidéo) beaucoup de surfeurs ont un léger décalage dans la position de leurs mains sur la planche. Elles ne sont pas complètement à la même hauteur, et donc pas parallèles aux épaules. C'est tout simplement qu'ils anticipent la suite, et ce dès le take-off, en étant déjà légèrement préparés/tournés vers le côté où ils vont se diriger du côté de l'ouverture de la vague.

Jérémy Flores Sans aucun doute le prochain français dans le WCT.

Bottom turn frontside

Le virage en bas de vague, bottom-turn, est avec le take-off la base du surf, à acquérir et à maîtriser avant de vouloir passer à la suite, comme à ski le célèbre flexion/extension. Le take-off/bottom-turn, fait partie des « fondamentaux » du surf.

Le bottom-turn permet au surfeur de prendre le sens de déferlement de la vague, tout en maintenant et en accélérant sa vitesse.

En fin de take-off, vous êtes descendu bien en bas de vague, jambes bien fléchies. Opérez un mouvement de rotation du corps vers l'intérieur de la vague. Axe des épaules dans le sens de la vague. Le mouvement s'opérant à partir du haut du corps. Le regard se porte vers le haut de la vague, vers l'endroit ou vous voulez amener la planche, la force centrifuge, comme en moto, vous obligeant à vous pencher vers l'intérieur du virage comme si vous vouliez aller chercher l'eau de la main intérieure, en amont ou côté vague. Dans le même temps, opérez une détente du corps, comme si vous vouliez vous propulser vers le haut de la vague. Les appuis des pieds : poids sur le pied arrière qui sert de pivot au virage venant aider ce mouvement de torsion. Le poids alors porté sur l'avant des pieds pour aider à la prise d'angle. La planche prenant alors du rail, c'est à dire un angle par rapport à la vague.

Bottom-turn backside

Là aussi, la descente après le take-off, se fait sur les jambes fléchies. Arrivé en bas de vague ; effectuez, en portant le poids sur les talons, une rotation des épaules, des bras et de tout le haut du corps du côté intérieur de la vague. La tête et le regard tournés vers le haut de la vague. Le poids toujours plus accentué sur le pied arrière, afin de faire pivoter la planche par l'arrière. Attention, le fait de seulement porter le poids sur les talons sans ce mouvement de rotation du corps et des bras, c'est la chute assurée. C'est ce mouvement d'ensemble : rotation/épaules/bras/tête qui est la base d'un bon virage.

Bottom-turn backside effectué par Serena Brooke au raz de la mousse, tout le haut du corps est tourné vers le haut de la vague afin de poursuivre la remontée et attaquer le roller suite logique dans ce cas de figure.

Roller frontside

Le roller est la figure qui naturellement fait suite au bottom turn. Cette figure consiste à faire remonter la planche le plus à la verticale possible de la vague, et à aller percuter, frapper, heurter, taper, le haut de la vague avec la planche. Une fois en haut, faire pivoter cette planche le plus rapidement possible, radicalement, pour redescendre en prenant de la vitesse vers le bas de la vague. Lors de la fin du bottom, il est important de conserver sa vitesse, la trajectoire de la planche doit alors se faire le plus verticalement possible, avec allègement et poussée du corps vers le haut de la vague. En se détendant, les jambes viennent aider à la poussée corps/planche vers le haut de la vague. Une fois arrivée en haut de vague, la planche devant nettement dépasser la lèvre de la vague, opérez une rotation du haut du corps comme si vous vouliez vous « précipiter » vers le bas de la vague. Le pied arrière sert alors de pivot autour duquel le corps et la planche tournent. Les jambes se fléchissent à nouveau pour plusieurs raisons, abaisser votre centre de gravité et vous permettre un meilleur contrôle de la planche. Les bras de part et d'autre du corps viennent accompagner et équilibrer l'ensemble. Il est évident que ce mouvement doit être anticipé et préparé avant d'être en haut de la vague. Le mouvement de re-descente du roller est en fait un second take off très radical. Il est évident que pour vos débuts les figures ne vont pas être radicales, comme le sont celles de ces démonstrations académiques. Mais le mouvement est là, il s'affine et se radicalise avec le temps et l'expérience.

Roller backside

Si surfer de dos au début est plus difficile, le mouvement du roller backside est plus naturel que frontside. Comme de face, la remontée de la vague se fait le plus perpendiculairement possible à celle-ci, la rotation du corps s'effectuant vers le haut de la vague, la tête est toujours tournée vers là où vous voulez amener la planche. Remontez le plus haut possible dans la vague. On considère que pour un « bon roller » la planche doit dépasser de plus d'un tiers la vague. Avant d'arriver en haut, toujours anticiper le mouvement, rotation des épaules et de la tête vers le bas de la vague.

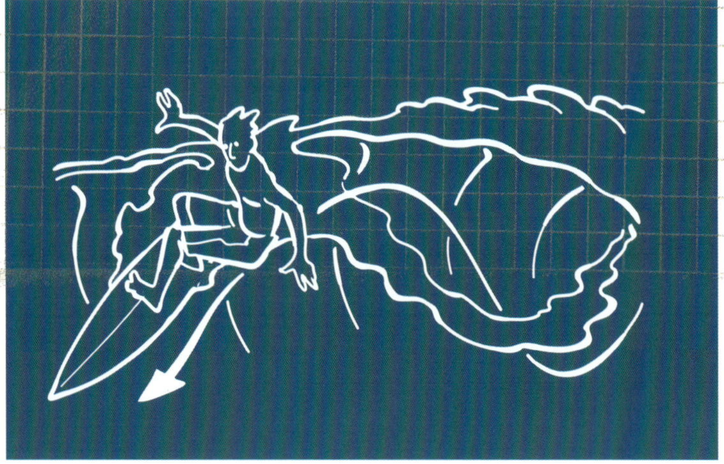

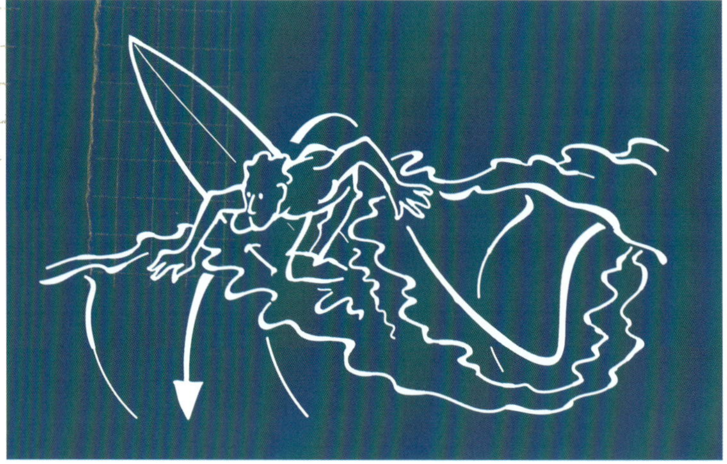

L'attaque du roller est à peine amorcée que déjà le haut du corps est prêt pour la redescente, venant chercher le bas de la vague du regard et des bras.

Vous faites un S avec votre planche

Cut-back frontside

La manœuvre consiste à revenir dans le creux de la vague, pour y puiser de l'énergie. Vous faites un S avec votre planche. C'est en fait une suite de deux virages, l'un de dos l'autre de face, consistant en 2 changements successifs et très rapides de direction, dans le même timing et sans perte de vitesse.

Première partie, là encore avec anticipation, consiste en un virage de dos, avec torsion du buste/tête, la main extérieure, côté plage, venant chercher l'eau comme point d'appui, le corps venant tourner autour de celle-ci. Poids du corps sur le pied arrière qui sert de pivot. On allège bien entendu le pied avant. Le tout effectué sur une distance très courte et très rapidement., jambe avant tendue.

Aussitôt ce premier virage amorcé, tout le haut du corps et les bras sont ramenés vers la sortie de la vague, nouvelle torsion tête/corps/bras, pour ce nouveau « virage » rapide et court, avec anticipation avant d'atteindre la mousse. Le poids du corps est porté sur l'avant des pieds afin de donner de l'angle à la planche et faire mordre le rail intérieur. Le pivot se fait toujours sur le pied arrière. La main gauche cette fois-ci à l'intérieur du virage sert de point d'appui autour de laquelle s'effectue la seconde partie du S. L'autre bras sert comme à chaque figure à équilibrer l'ensemble corps/planche. La fin du S est effectuée comme un bottom turn, avec poursuite de la vague vers le haut. Prêt à entamer une nouvelle manœuvre.

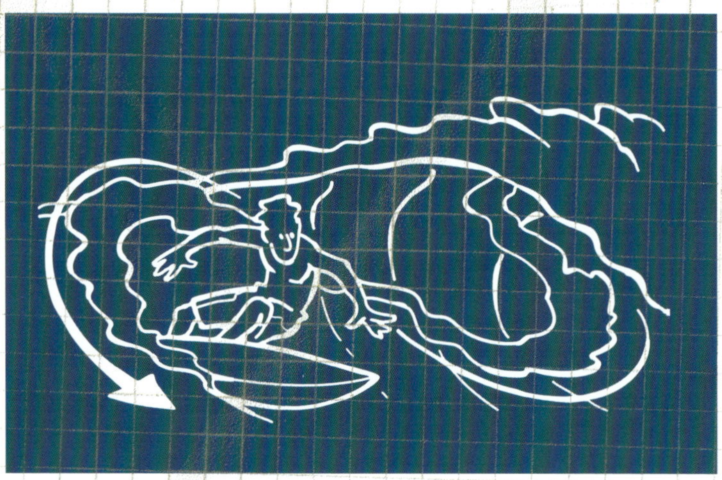

Le bras intérieur vient chercher l'eau alors que le pied arrière pousse sur le tail de la planche,
le bras extérieur vient équilibrer la figure, un cas d'école que ce cut-back frontside de Geoffroy Henno.

Cut-back backside

Vous évoluez de dos à la vague, la première partie du cut-back donc du S, va s'effectuer comme un virage de face, la seconde partie un retour de dos.
Le bras arrière vient chercher l'eau loin sur le côté dans le même temps, déplacement du poids du corps sur le pied arrière, et sur l'avant des pieds afin de faire mordre le rail. L'ensemble tête/buste/corps se propulse vers l'intérieur de la vague, côté mousse, le corps est très penché en avant vers l'intérieur du virage Le mouvement tournant se fait autour du bras, le pied arrière une nouvelle fois sert de pivot. Le plus souvent la main est dans l'eau servant d'axe de rotation. Vous venez alors taper la lèvre, les jambes, servant d'amortisseurs se fléchissent au fur et à mesure que vous tapez la mousse.
Aussitôt cette première partie du S effectué, anticipez pour la seconde phase du mouvement. Transport du poids du corps sur les talons. Le mouvement s'inverse alors complètement, l'ensemble tête/corps/bras se tourne vers l'extérieur de la vague, côté de déroulement. Cette seconde partie du S est comme un nouveau bottom turn de dos, mais effectué dans un temps beaucoup plus rapide. Le pied arrière toujours en pivot.

Certains pros parlent de lui comme l'un des meilleurs surfeurs du Monde backside, Fredo Robin nous le démontre dans ce cut-back backside quasi parfait.

La vitesse/accélération

La vitesse est à la base de toute manœuvre en surf. Sans un minimum de vitesse, aucune figure n'est possible, d'où l'importance de maîtriser cette prise de vitesse.

La vitesse s'acquiert en opérant de brefs, successifs, et énergiques mouvements alternant poussées/allègements par le biais de flexions/extensions. Les bras viennent accompagner ces mouvements donnant à la planche un mouvement de montée et descente de la vague qui provoque l'accélération et donne la vitesse à la planche. Ce mouvement de flexion/extension ne peut-être effectué qu'à partir du moment où le surfeur est suffisamment à l'aise avec la vague et capable de la surfer correctement. La vitesse ne s'acquiert pas du jour au lendemain. Progressivement ce mouvement prendra de l'amplitude et la vitesse augmentera avec sa pratique.

Figures **Radicales**

Parfaite attaque du floater angle vitesse timing, tout y est chez Tita Tavares.

maresia

Jambes de fer

Floater

Le floater est une manœuvre fonctionnelle, qui consiste à passer la section de la vague par le haut lorsque celle-ci est trop importante pour être passée par le bas. On surfe alors le dessus de la vague. Cette manœuvre, souvent spectaculaire, requiert trois critères, une grande vitesse, un bon timing et beaucoup d'équilibre. Remontez vers le haut de la lèvre comme pour un bottom turn, sans toutefois remonter totalement à la verticale. La montée se fait plutôt avec un angle de 45°, comme pour suivre le cours de la vague. Une fois en haut, ramenez la planche à l'horizontale par un déplacement du poids du corps sur le pied avant. L'équilibre sur la vague est maintenu par une bonne répartition du poids, pied avant, pied arrière. La position très instable sur le dessus de la vague, lieu de turbulences, est possible grâce au contrôle permanent bras/jambes/pieds. Les jambes allègent le surfeur tout en contrôlant en permanence la planche dans sa trajectoire horizontale, dans le sens de la vague. Jambes de fer sur pieds de velours. Le secret du floater ! Les bras servant à maintenir l'équilibre de l'ensemble. Poursuivez ainsi votre « envolée » sur la crête le plus longtemps possible, tant que la vague le permettra. La re-descente doit être anticipée. Elle se fait en ramenant la planche à la perpendiculaire de la vague toujours à l'aide du mouvement bras/haut du corps, épaules toujours dans l'axe de la planche et pression des pieds. En prenant soin de faire amerrir la planche par l'arrière. Vous pouvez re-descendre à plat, mais combien de planches n'ont pas survécu. Les bras toujours en balanciers pour l'équilibre du corps. Regard vers le bas de la vague. Flexion progressive des jambes à l'amerrissage, jusqu'à ce que la planche soit totalement posée. Au fur et à mesure que la planche se pose en bas de vague, le poids revient progressivement se porter sur le pied avant pour un bon équilibre. Cette fin de figure se déroulant en une fraction de seconde. Vous êtes déjà prêt au virage qui vous permet de reprendre le cours de la vague et attaquer une prochaine figure.

LE ROLLER VARIANTES :

ce fameux roller, prend selon son degré d'agressivité, de maîtrise, la position que vous occupez dans la vague et ce que vous voulez en faire, les doux noms de : off the lip, re-entry.

Off the lip :

la manœuvre est la même, mais la présence d'une lèvre change la donne, vous venez frapper la lèvre et c'est cette lèvre qui vous aide à la re-descente. En fait, vous redescendez en accompagnant la lèvre. Souvent lorsque la lèvre jette bien en avant, la re-descente se fait quasiment dans le vide. Attention lors de la re-descente à bien porter le poids sur le pied arrière afin de ne pas piquer du nez. Les jambes à l'amerrissage servent d'amortisseurs, et rééquilibrent le poids du corps ; pied avant/pied arrière, dès l'arrivée en bas de vague.

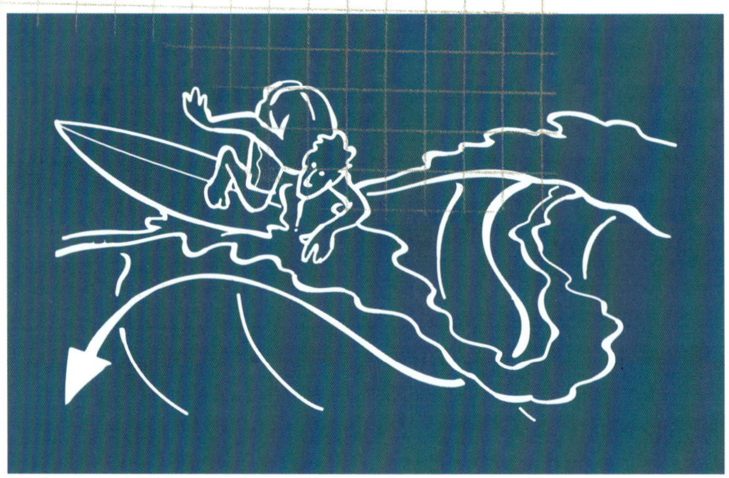

Andy Irons, triple Champion du Monde.

Re-entry

Un roller qui s'effectue lorsque la vague ferme. Vous venez taper sur la lèvre, celle qui vous accompagne et celle qui arrive à votre rencontre, la vague ferme et vous terminez votre re-descente avec la conjonction des lèvres. Là encore re-descente avec poids sur le pied arrière. C'est une figure qui termine une vague le plus souvent. Mais ensuite, vous pouvez poursuivre dans la mousse.

Snap-back

Le snap-back étant une variante du classique cut back, la technique du mouvement est la même. Mais la figure est effectuée dans un espace plus restreint, le S est très resserré, effectué dans un temps et un espace très court, avec dérapage de la planche. Là où vous ne faites que porter le poids sur le pied arrière dans le cut-back « classique », dans le snap-back, vous poussez fortement sur ce pied arrière, jambe tendue, jusqu'à faire déraper la planche. Toute la difficulté consiste dans le dosage du dérapage sans faire décrocher complètement les dérives, ce qui entraîne automatiquement la chute. Le pivot se fait alors sur le pied avant, et l'arrière de la planche dérape autour de ce pivot/pied avant. Aussitôt cette première partie du S effectuée, mouvement de rotation du corps, tête et regard tournés vers le sens de déroulement de la vague, les bras servent à accompagner le mouvement. Bien effectué le Snap-back est la figure par excellence, qui vous fait la belle gerbe.

Toute la puissance dégagée dans ce snap par le Tahitien champion du Monde Hira Teriinatoofa.

Le beau style des surfeurs techniques et puissants, Fabrice Gelez dans son jardin secret de La Gravière.

Tube frontside

Le tube est la figure reine en surf. Il consiste à se faire enfermer sous la lèvre de la vague et à surfer l'intérieur de la vague, à y rester le plus longtemps possible et à en ressortir. Après un classique take off / bottom turn, alors que vous remontez vers le haut de la vague, stoppez cette remontée à mi-vague ou au 1/3 supérieur. Trop bas vous êtes mangé par la lèvre. Trop haut vous partez avec la lèvre. En stoppant votre remontée vers le haut, vous ramenez la planche à plat dans le sens du déroulement de la vague, position accroupie afin d'abaisser le centre de gravité. Poids équilibré pied avant pied arrière. Le timing est fondamental, votre repositionnement doit se faire dans le temps du recouvrement de cette lèvre. Aussitôt dans le tube, le poids du corps est légèrement porté vers l'avant, afin de faire accélérer la planche. Les pieds sont plus écartés qu'à l'ordinaire. Dans le tube veiller à ne pas descendre trop bas afin de ne pas vous faire manger par la lèvre. La main arrière vient chercher la vague, elle vous aide à vous coller à la paroi et à vous positionner dans le tube. Si votre vitesse est supérieure à celle du tube, portez légèrement le poids sur le pied arrière, cela freine la planche, et vous permet de rentrer complètement dans le tube. La sortie du tube est souvent là où l'on se fait manger. Le tube rétrécissant, il faut penser à légèrement remonter vers le haut de la vague, ce qui facilite la sortie.

Tube Backside

La plupart du temps le tube backside se fait grab-rail, c'est à dire avec prise en main du rail. C'est la main extérieure, côté plage, qui accroche le rail. Une fois le bottom turn effectué, comme de face, remontez à mi-vague, stoppez la remontée et positionnez la planche dans le sens de la vague. Dans le même temps accroupissez-vous, et attrapez le rail extérieur. Prendre le rail vous permet de coller le corps à la paroi de la vague sans être déséquilibré vers l'arrière. L'autre bras vient chercher l'eau derrière vous, elle vous permet, là aussi, de vous situer par rapport à la vague. La position du tube de dos n'est pas ce qu'il y a de plus naturel, ni de plus facile à conserver. Car dans cette posture, il faut conserver en permanence, une bonne répartition des poids, pied avant, pied arrière. Accélérez si vous êtes en retard en portant le poids en avant, ou ralentir si vous êtes en avance en portant le poids sur l'arrière. La sortie se fait en veillant à remonter légèrement, pour ne pas vous faire manger par la lèvre.

En plus de la technique pure, le tube est une affaire de volonté, de confiance en soi et d'opportunité. Si vous partez avec l'idée « je ne vais pas le faire », vous êtes certains de le manquer. Y croire tout au long et ne jamais s'avouer vaincu, tant que l'on n'est pas, soit sorti, soit tombé.

Grab-rail sur fin d'après-midi mouvementée pour Miky Picon
et au bout une place bien méritée en WCT.

Le tube un bon endroit pour se cacher et échapper aux tracasseries du tourbillon de la vie, à condition de savoir en sortir.

Aerial

Peut-être l'une des figures les plus spectaculaires. Elle consiste à s'envoler avec la planche au-dessus de la vague, et à se reposer sur la vague pour en reprendre son cours normal. Elle se décline en un grand nombre de variantes, avec ou sans prise de rail, avec re-descente sur l'avant de la planche, sur l'arrière, sur le haut de la lèvre, en bas de lèvre etc. etc.... La base de l'aerial est la vitesse, prendre le plus de vitesse possible, remontez la vague très vite, tout le corps tendu vers le haut, comme pour un roller, poursuivez la remontée jusqu'à passer au-dessus de la vague. Une fois passé au-dessus de la vague, anticipez la re-descente. L'ensemble bras/tête/haut du corps est porté vers le bas de la vague. Les pieds restent en contact avec la planche, jambes fléchies. La re-descente se fait généralement, perpendiculaire à la vague et sur l'arrière de la planche, comme pour le floater. Les jambes servent d'amortisseurs à la réception, qui peut se faire directement en bas de vague ou sur le haut de la lèvre et re-descente avec la lèvre. Toujours poids sur l'arrière, afin de ne pas piquer vers l'avant.

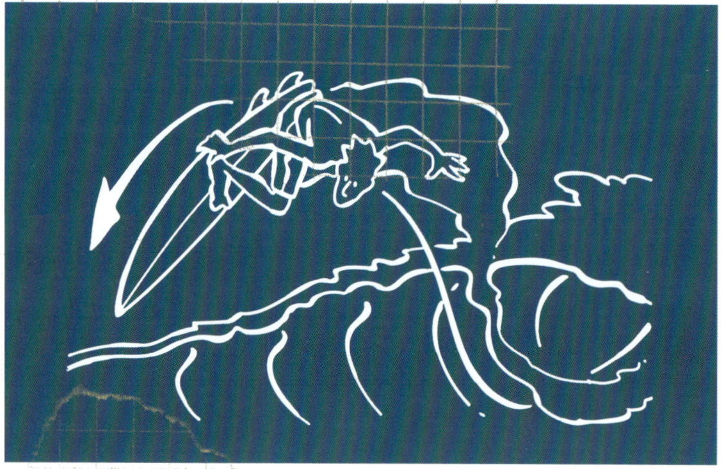

360°

Figure qui consiste à faire une boucle complète sur la vague, en revenant au point de départ.

Il est important pour effectuer cette figure de posséder une grande vitesse qui donne l'inertie à la figure. En fin de bottom remontez comme pour un roller, poursuivez la course amorcée vers l'intérieur et le blanc de la vague en accentuant exagérément le mouvement. Le haut du corps tête/épaules fait pivoter l'ensemble, surfeur/planche, par anticipation du mouvement. Les bras servent de balancier pour équilibrer la figure. Le pivot se fait là plus que jamais sur le pied arrière où quasiment tout le poids est porté. La rotation corps/planche se poursuit jusqu'à revenir à la position de départ. Reprendre alors le cours de la vague.

Aerial

Aerial /360°

Comme son nom l'indique, cette figure très aérienne combine un air et un 360°. Une figure qui nécessite une très grande vitesse et une très grande maîtrise du air et du 360.
Après le bottom au cours duquel vous avez puisé un maximum de vitesse, remontez très rapidement en haut de vague. Poursuivez la course au dessus de la vague. L'amorce du 360 s'anticipe avant d'être arrivé en haut de vague. Tout le corps est en torsion afin de faire pivoter la planche, les jambes très écartées, avec flexion progressive au fur et à mesure que le 360 s'amorce. Le plus souvent la main arrière tient le rail de façon à maintenir la planche en contact avec les pieds. L'amerrissage s'amorce par l'avant de la planche alors que la manœuvre n'est pas totalement terminée, soit dans la mousse ou le vert de la vague. Cette figure très acrobatique requiert une très grande maîtrise et un très long temps d'apprentissage.
Au-delà de ces figures que l'on pourrait appeler « courantes », il existe une infinité de variantes, qui sont souvent regroupées dans le jargon du surfeur sous le nom de Tricks. En voici quelques-unes, mais cette liste est loin d'être exhaustive. Et les appellations peuvent varier selon les régions ou même les continents. De même pour l'orthographe de certaines figures toujours en anglais, souvent francisées, qui peuvent varier selon les sensibilités ou les jargons. Exemple re-entry ou reentry, que vous pouvez également voir écrit re-entrie ou encore re entrie sans le trait d'union. Je n'ai pas la prétention de détenir la vérité absolue. Qu'importe le trait d'union, pourvu que l'on ait des vagues !

Tricks :

Re-entry backside to tail slide
Off-the-lip tail frontside
Air frontside indy-grab
Air frontside no-grab
Air backside indy-grab
Air backside no-grab
Ollie-pop 360°
Air 360° frontside indy-grab
Air 360° frontside no-grab
Air 360° frontside double-grab
Air 360° backside indy-grab
Air 360° backside no-grab
Air 360° backside double-grab

Et ainsi jusqu'à plus soif..............

Mais le surf c'est également de par l'environnement dans lequel il est pratiqué, un sport et un plaisir qu'il est possible de pratiquer d'une façon totalement ludique, loin des modes, roller, re-entry et boucle de tout genre. Ce qui compte au final, c'est trouver son plaisir à son niveau, tout le monde ne sera pas Slater.

Boucle de Greg Emslie juste pour le fun.

Pauline Ado, première française à obtenir un titre mondial, celui de championne du Monde junior 2006.

Progression

Comme dans tous les sports, en surf il ne faut pas vouloir brûler les étapes. Pour cette raison nous considérerons d'une façon complètement théorique 5 à 6 « périodes » dans la progression classique d'un surfeur. Nous mettons volontairement de côté la problématique du surfeur de haut niveau, national et international, hors de propos ici, et réservée à une élite, que 99 % des surfeurs n'atteindront jamais. (Pour comparaison, nous sommes très nombreux à avoir notre permis de conduire, sans pour autant être capables de piloter une formule 1).

A peine debout que Tim boal attaque le tube en même temps qu'il amorce son virage, très belle maîtrise du sujet de sa part.

1ÈRE PÉRIODE : Découverte de l'élément et du matériel. Vous apprenez à vous positionner sur la planche, à ramer, à vous sentir à l'aise avec la planche, l'eau et les vagues.
Temps : quelques heures. Quelques instants, si vous pratiquez couramment le body surf ou le body board.

2ÈME PÉRIODE : Mise en situation, dans des vagues de 1 mètre maximum, si la mer est belle et adaptée, sinon dans les mousses si la mer est trop forte. C'est la période où vous apprenez dans les mousses le plus souvent à vous lever et assurer votre équilibre sur la planche. En un mot vous apprenez à sentir la glisse. Savoir rester stable sur une planche dans un élément en mouvement, l'océan. Et là est toute la clé du surf.
Temps : quelques heures

3ÈME PÉRIODE : Vous êtes à l'aise avec votre planche, vous savez correctement vous lever, vous maîtrisez plus ou moins bien le take off, mais pas le late take off. Vous pouvez commencer à envisager des vagues plus grosses 1,50 m, et vous commencez à amorcer les figures de base, bottom-turn, roller, cut-back. Mais votre assurance, n'est pas suffisante pour effectuer des figures radicales.
Temps : Cette étape peut-être franchie très vite, quelques jours pour les plus jeunes et les plus doués, quelques semaines pour les gens moins à l'aise avec leur corps, l'environnement et l'élément marin.

4ÈME PÉRIODE : Vous commencez à maîtriser les figures de base, take off, roller, cut-back vous sentez l'envie de passer à la vitesse supérieure. Vous allez commencer à vouloir affronter les plus grosses vagues et c'est normal.

Vous vous sentez prêt pour de nouvelles figures. Par contre votre sûreté d'exécution n'est pas parfaite, vous tombez encore un peu trop souvent à votre goût. Vos virages, roller, et cut-back sont plus serrés, techniquement vous progressez, et c'est là qu'il faut persévérer. Ne pas vouloir surfer que de trop grosses vagues, ce serait au détriment de la technique pure, qui s'acquiert dans les petites vagues (n'oubliez jamais que Kelly Slater est originaire de Floride, et non de Jaws). Petite parenthèse : Beaucoup de surfeurs tombent dans le piège de ne plus surfer que les grosses vagues, excellent pour les médias. Alors qu'il est plus facile de surfer 4/5 mètres, pour un surfeur moyen, super bon nageur, téméraire et capable de rester sous l'eau 4 à 5 minutes, que de faire un vrai tube dans du 2,50 mètres à la Gravière.
Temps : Une ou deux saisons dans la majorité des cas, attention un blocage sur les grosses vagues et vous ne franchissez jamais cette étape.

5ÈME PÉRIODE : Votre niveau commence à vraiment s'affirmer, vous pensez bien entendu tout connaître du surf, alors qu'il vous reste beaucoup à apprendre. Et là souvent deux directions sont prises : vers la compétition illustrant le besoin de se comparer aux autres, ou le voyage et vous voilà surfeur globe-trotteur. Période de surf intensif ou l'on ne pense plus qu'à cela, attention le surf n'est pas une fin en soi !
Temps : une période qui peut durer quelques années ou toute une vie.

6ÈME PÉRIODE : Une période qui dépendra du mode de vie que vous allez adopter. Cette période relève plutôt du côté philosophique et du sens que l'on veut donner à sa vie, plutôt qu'au problème du surf pur et simple.
Et pour cela vous n'avez pas besoin de moi, je ne peux vous être d'aucun secours, chacun son karma !

Règlementation

Comme tout sport digne de ce nom, le surf obéit à un code et à un règlement, desquels découle une réglementation édictée par la Fédération Française de Surf et par les différents ministères concernés.

Règle de base, un seul surfeur par vague à moins que deux surfeurs n'empruntent sans se gêner des directions radicalement opposées.

RÈGLES FONDAMENTALES DE PRIORITÉS

- Règle de base du surf, un seul surfeur par vague à moins que 2 surfeurs n'empruntent sans gêner des directions radicalement opposées.
- Dans le cas d'une vague déferlant dans une seule direction, c'est le surfeur le plus au pic de la vague qui est prioritaire pour toute la durée de son surf.
- Un surfeur qui a pris possession de la vague est prioritaire sur un surfeur qui rame vers le large. En conséquence, le surfeur qui remonte au large doit contourner la zone de surf, ou s'il est proche de la mousse, se diriger vers cette mousse afin de ne pas gêner le surfeur prioritaire, et lui laisser libre la partie verte de la vague.
- Lorsqu'un surfeur placé le plus au pic au point initial de take-off a pris possession de la vague, il est prioritaire sur la vague pour toute la durée de son surf, et même si un autre surfeur fait un take-off dans son dos dans la mousse. Cela s'appelle le snaking.
- Un surfeur placé le plus au pic ne doit pas être gêné par un autre surfeur qui rame pour prendre la même vague.
- Il est toujours conseillé au surfeur prioritaire de passer derrière le surfeur gêneur et non devant lui. Le surfeur gêneur fera tout son possible pour tenir sa planche en passant sous la vague (canard) et non pas en la repoussant vers le surfeur prioritaire.

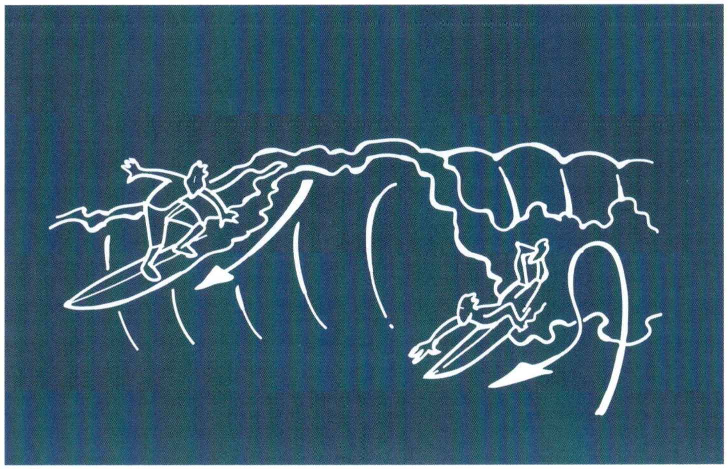

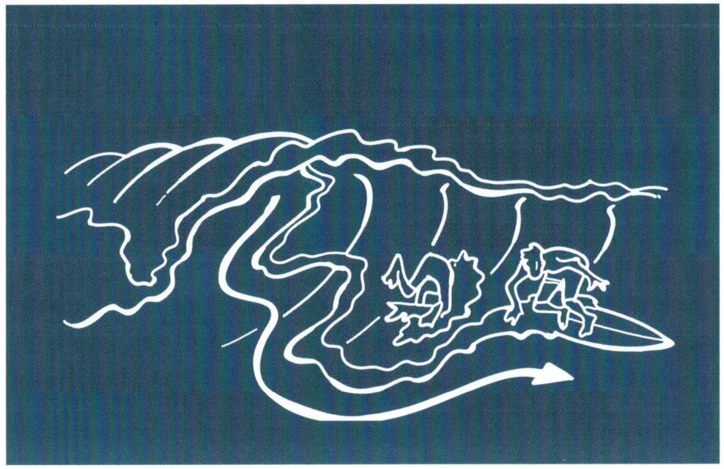

RÈGLEMENT DANS LE CADRE DE LA LÉGISLATION.

Le surf rentre dans le cadre législatif de la réglementation des activités nautiques et des baignades, dans un accès aux plages libres et gratuites. (loi n° 86-2 de 3 janvier 1986) relatif à l'aménagement du littoral, article 30 :
« L'accès des piétons aux plages est libre sauf si des motifs justifiés par des raisons de sécurité, de défense Nationale ou de protection de l'environnement nécessitent des dispositions particulières. L'usage libre et gratuit par le public constitue la destination fondamentale des plages au même titre que leur affectation aux activités de pêche et de cultures marines ».

Si l'accès aux plages est libre et gratuit, il n'en demeure pas moins que les municipalités du littoral sont appelées à prendre des arrêtés municipaux pour la pratique de la baignade comme pour la pratique des sports nautiques et donc du surf. Ces arrêtés municipaux doivent être portés à la connaissance des usagers par voie d'affichage en Mairie et sur les lieux de baignades (accès à la plage). Donc bien vous renseignez lorsque vous arrivez sur une plage ou un lieu de surf que vous ne connaissez pas.

D'une façon générale les mairies réglementent la pratique des sports nautiques :
Le Maire délimite une ou plusieurs zones surveillées dans les parties du littoral présentant une garantie suffisante pour la sécurité des baignades et des activités nautiques mentionnées ci-dessus. Il détermine des zones de surveillance et des périodes de surveillance. Hors des zones et des périodes ainsi définies, les baignades et les activités nautiques sont pratiquées aux risques et périls des intéressés.

LA BAIGNADE EST RÉGLEMENTÉE PAR LA PRÉSENCE DE DRAPEAUX :

Vert : baignade ne présentant pas de dangers particuliers,
elle est surveillée.
Orange : La baignade est dangereuse, autorisée et surveillée.
Rouge : Baignade interdite.
Ces drapeaux constituent pour les surfeurs une information. Toute pratique se fait aux risques et périls de l'intéressé. Toutefois, la pratique du surf peut-être interdite par arrêtés préfectoraux ou municipaux pour motifs particuliers (pollution, épaves, ou toutes autres raisons.....).

Compétition

Depuis la nuit des temps l'homme a voulu se comparer à ses semblables. Pour prendre le pouvoir, ou pour le plaisir du jeu.

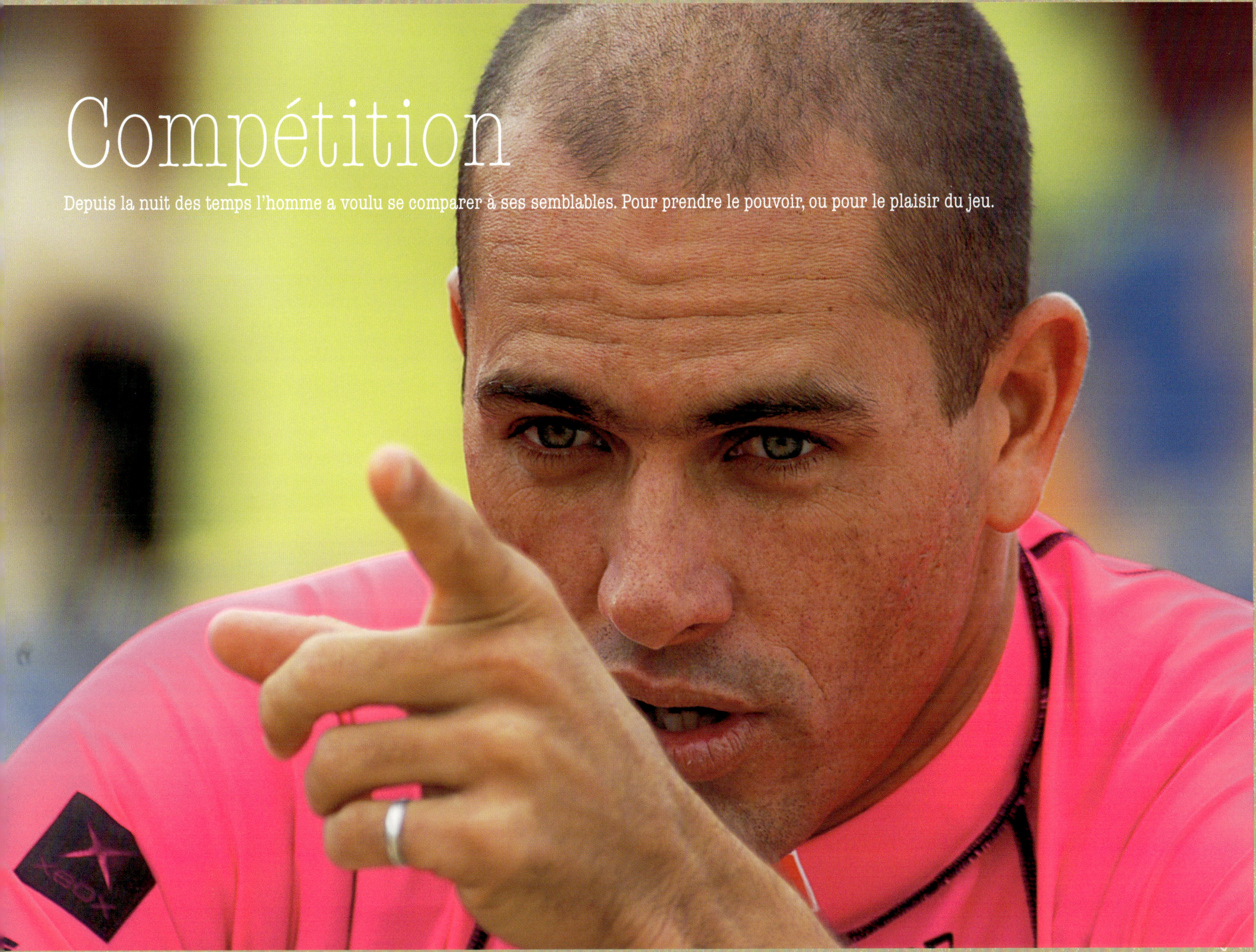

Bien visualiser et observer les vagues avant d'aller à l'eau.
« Ha ! Mais c'est Kelly Slater là-bas ?

Ce jeu en s'organisant, a trouvé ses marques, et la compétition a fait son apparition. Le surf, sport ludique et libre par excellence, n'a pas dérogé à la règle. Depuis la première compétition organisée à Makaha, Hawaii, en 1962, la compétition de surf n'a cessé d'évoluer et de se développer sur tous les continents. Aujourd'hui la compétition fait partie intégrante du surf, même si une grande partie des surfeurs, pratiquent ce sport en loisir, ne s'intéressant à la compétition que de très loin, ou lors des grands rendez-vous mondiaux.
La compétition est divisée en deux circuits : le circuit amateur ISA et le circuit professionnel ASP.

L'ISA

Circuit amateur, régi par l'ISA, International Surfing Association, elle est la plus haute instance en matière de surf et reconnue par les gouvernements, c'est elle qui régit la pratique du surf dans son ensemble.
L'ISA organise le circuit amateur, même si depuis 2000 les pros sont admis à participer aux épreuves ISA, qui délivre les seuls titres reconnus officiellement par les gouvernements. L'ISA est relayé dans chaque pays par une fédération nationale, en France par la Fédération Française de Surf. Et au niveau Européen, par l'ESF European Surfing Federation.
Des compétitions régionales, nationales et internationales sont organisées.
Pour le circuit national français, ce sont les coupes de France et les championnats de France. Pour le circuit européen, ce sont les Championnats d'Europe, organisés les années impaires. Pour le circuit international, ce sont les championnats du Monde organisés les années paires. Seul l'ISA délivre le titre officiel de Champion du Monde de surf.

L'ASP

Le circuit professionnel fut créé en 1976 par Fred Hemmings, il se nommait IPS International Professional Surfing. Il ne compte alors que quelques épreuves à travers le monde. Le premier champion du Monde professionnel fut Peter Towned. Les Australiens se taillent alors la part belle dans ce championnat. Ils dominent le circuit mondial, avec notamment le quadruple champion du monde, Mark Richards (1979 à 1982). Et en dehors du Sud Africain Shaun Thomson, il faudra attendre l'arrivée du talentueux Californien, Tom Curren en 1985, pour faire vaciller les redoutables OZ.
C'est en 1983 que le circuit prend une nouvelle tournure en devenant ASP, Association of Surfing Professionnal, en étendant son champ d'investigation à de nouveaux continents comme l'Europe. C'est cette année là, que l'épreuve professionnelle canaulaise créée en 1979, passe dans le giron professionnel ASP. Elle devient du même coup la première épreuve professionnelle européenne. Ouvrant la porte à un circuit pro de surf, l'un des plus important au Monde. Il compte aujourd'hui plus d'une vingtaine d'épreuves à travers toute l'Europe, passant par l'Italie, l'Angleterre, l'Espagne, la France, le Portugal et les Canaries.
L'ASP regroupe deux types d'épreuves, complémentaires l'une de l'autre.

LE WQS

World Qualifing Series, que l'on peut qualifier de seconde et troisième division. Réparties en 6 catégories de compétitions de 1 à 6 étoiles. De 1* à 3* une sorte de troisième division, de 4* à 6 * que l'on nommerait seconde division. Du nombre d'étoiles dépend l'attribution du nombre de points, 250 points pour le vainqueur d'une 1* et 10000 US $ de price money ; pour une 6* 2500 points et 125 000 US $, (125 000 $ étant le price money global pour tous les compétiteurs de l'épreuve). Le circuit WQS compte à travers le monde, toutes catégories confondues, (hommes, femmes, juniors) plus de 80 épreuves. Ce circuit WQS qualifie pour le grand circuit Mondial WCT.

Tom Curren celui qui par son style et son talent a marqué l'histoire du surf, comme Jim Morrison ou Mozart ont marqué la musique.

LE WCT

Ce circuit réunit les 48 meilleurs chez les hommes et les 16 meilleures chez les dames, surfeurs et surfeuses de la planète. Il compte une douzaine d'épreuves pour les hommes, un peu moins chez les dames. Kelly Slater est celui qui donna les lettres de noblesse à ce circuit. Fort de son talent et de sa notoriété acquise dans le feuilleton télévisuel « Alerte à Malibu » en compagnie de Pamela Anderson. Fort également de ses sept titres de champion du Monde; ce surfeur surdoué, domine de la tête et des épaules le circuit de la fin du XX ème et le début du XXI ème siècle.

Le premier surfeur européen à se qualifier en WCT fut l'Anglais Russell Winter. Marie Pierre Abgrall fut, elle, la première surfeuse française à se qualifier sur ce circuit. Eric Rebière et Miky Picon, en se qualifiant eux aussi pour le WCT, ne firent que suivre l'exemple de leur aînée, Marie Pierre.

Longboard

Le surf à l'état pur, un moment magique partagé sans aucun doute par l'acteur tahitien, Michel Demont.

Durant des dizaines d'années les seuls modèles de planches utilisées par les surfeurs, furent de très grandes planches, l'ancêtre de l'actuel longboard. Ces planches pouvaient mesurer alors de 9' jusqu'à 14', les formes étaient souvent rustiques, car shapées en bois. Elles étaient lourdes, encombrantes ne permettant pas un grand répertoire de figures.
C'est au début des années 1950 que Matt Kivlin et Joey Quigg vont adapter un longboard aux conditions de la fameuse droite de Malibu en Californie. Une planche avec plus de rocker et un avant plus large. Le Malibu était né, du nom de la plage. Cette planche va permettre l'arrivée d'un nouveau style de surf, le Hot-Dog. Ce nouveau style consistait à faire le plus de figures possibles sur la planche avec déplacement d'avant en arrière . Parmi le grand nombre de figures, le Nose-Riding est la plus populaire. Elle se décline en un grand nombre de versions : le hang-five, kick hang-five, hang-ten, reverse hang-ten etc...

L'évolution des matériaux, avènement des matériaux plastiques aidant, les planches commencèrent à raccourcir dès le début des années 1960. C'est au cours des championnats du Monde de 1964, en Australie, remportés par le local Midget Farrely, et sous l'impulsion du shapeur Mac Tavish et du Designer Georges Greenough que la tendance s'amorce. C'est en 1966 que Nat Young remporte le titre mondial sur une planche beaucoup plus courte, munie d'un dessous en « Vee-bottom ». La petite planche faisait véritablement son apparition. Ce n'est plus lui qui fait des figures sur la planche, il fait faire des figures à la planche, se déplaçant dans la vague. Nouvelle avancée dans le surf. C'est la Short-board/Révolution. Progressivement le longboard, perd du terrain, pour ne plus devenir qu'une pièce de musée, et ce, dès le début des années 1970.

Il faudra attendre la fin des années 80 pour voir resurgir le longboard. Timidement dans un premier temps, puis beaucoup plus rapidement avec la sortie du film de Bruce Brown, Endless Summer II, avec Wingnut et Pat O'Connell, en 1994. Le shape et les matériaux ont fait de tels progrès, que le nouveau longboard de la fin du XX ème siècle, n'a plus rien à voir avec son homologue des années 1960. Léger maniable, muni d'une, deux ou trois dérives il est devenu un véritable objet ludique et radical. Les compétitions de longboard se développent, la Fédération Française crée la coupe de France. Une catégorie longboard est créée à l'ISA, à partir de 1988, aux Championnats du Monde de Porto Rico.
L'ASP elle, crée un circuit professionnel la même année en 1988, et Nat Young en profite pour se refaire une santé médiatique en remportant le premier championnat professionnel de longboard. Dans l'hexagone, le Biarritz Surf Festival, épreuve à connotation sixties, fait les belles heures de Biarritz et de la Côte des Basques.
Si vous ajoutez à cela l'arrivée de BIC et de sa 9' dans le début des années 1990, le longboard ne pouvait que se développer et envahir tous les spots. Il fait maintenant partie du panorama du surf moderne, en même temps qu'il vient compléter le quiver de tout surfeur abouti.

La famille des longboards peut se diviser en trois grandes catégories :
- Le Moderne Shape, une planche qui dans la conception est la plus proche du short board, elle mesure généralement 9' pour une largeur de 22"1/2 ou 22' 3/8 et pour une épaisseur de 2'1/2 ou 2'. Elle est équipée en thruster (3 dérives classiques), et permet des figures radicales. Souvent légère, mais fragile, elle est utilisée par des bons surfeurs, pratiquant indifféremment le short et le longboard.

L'une des figures les plus difficiles à réaliser en longboard, le hang five dans le plus pur style des années 60.

Technique et décontraction pour D. Ashmore l'une des très belles stylistes en longboard.

- Le Polyvalent, est une planche plus « passe partout » comme son nom l'indique avec le plus souvent un rail Boxy. Ses dimensions, Longueur 9'3" à 9' 5", largeur 22"3/4, une épaisseur de 2"3/4. Le dessous, sur l'arrière un Vee bottom et sur l'avant un concave. Munie d'un boîtier central et de deux dérives latérales, plus petites. Elle peut-être surfée, indifféremment en single ou en thruster.

- Le nose rider, une planche plus longue, 9'5" jusqu'à 10' ou 11', pour 23" à 24" de large, et 3"1/4 à 4" d'épaisseur. Le plus souvent montée en single, cette planche très spécifique, est destinée, comme son nom l'indique, aux figures sur le nose. Il existe une grande quantité de figures qui se pratiquent sur l'avant de la planche, regroupées sous le terme générique de nose-riding.

Cette même forme longboard, s'est étendue à de plus petites planches. Des modèles 7' et 8' ont été développés sur la forme de l'original longboard. En conservant quasiment les mêmes côtes, sauf pour la longueur.

Tout existe à l'heure actuelle. La limite en matière de planche, n'est que celle à votre imagination. Et en cherchant bien vous pouvez retrouver dans les templates des années 60, 70 et 80, un shape très proche de vos envies; tellement les recherches et les délires ont été poussés loin dans ces années là. Il suffit d'adapter la planche, à votre niveau, votre poids, la région où vous surfez, les vagues creuses ou molles. Le longboard peut-être une fin en soit, mais attention, pour le bon surfeur, qui ne fait plus que du longboard. Au bout de quelques années, il aura énormément de mal à revenir au short board et son niveau peut s'en ressentir. Comme en politique je préconise l'alternance ! La seule façon de ne pas devenir sectaire.

Les Ecoles **de surf**

Que doit-on attendre d'une école de surf ?

Une manière originale de ranger les planches, mais il y a mieux comme rax.

L' océan est un élément vivant, et comme tout élément vivant il est en perpétuel mouvement, avec ses humeurs : calme, frissonnant, ondulant, brouillonnant, brutal, démonté........ Des comportements auxquels tout le monde n'est pas forcement habitué, qu'il faut observer, appréhender, gérer, pour au bout du compte, maîtriser.

L'Ecole de surf est là pour vous permettre de vous familiariser avec ces éléments souvent inconnus ou mal connus. Elle vous accompagne dans vos premiers pas, comme dans votre progression, afin que cet apprentissage se fasse dans la sécurité, la rigueur, la convivialité, le respect de l'élément et le respect de l'autre, celui qui est déjà là sur la vague !

Acquérir la technique du surf est un des éléments de l'apprentissaqe du surf, mais pas le seul et l'unique. La lecture des éléments environnants : courants, vent, rochers, baïnes, météo... est aussi fondamentale que le seul fait de savoir, maîtriser et se lever sur sa planche.

L'océan est si facétieux, si changeant, qu'il peut en un instant changer du tout au tout. Un joli petit mètre calme avec vent de terre, peut se transformer en furie, en un coup de vent et très vite vous mettre en péril.

Apprendre à déjouer ces pièges, en plus de l'apprentissage pur du surf, c'est ce que doit vous proposer, une école de surf digne de ce nom.

UN PEU D'HISTOIRE :

Le premier moniteur de surf français fut le Biarrot Jo Moraiz.

Ce surfeur de la première heure, faisait partie des « tontons surfeurs » après avoir participer aux premiers Championnats du Monde au Pérou en compagnie de son compère Jacky Rott 1961. Pionnier dans tous les domaines, il ouvre le premier surf shop à Biarritz rue Mazagran, et devient parallèlement à ce surf shop le premier moniteur français. Il poursuivra son enseignement à la Côte des Basques jusqu'à la fin 1998, pour nous quitter en mai 1999.

La première école de surf française, elle, fut créée à Lacanau en 1979, par Thierry Organoff. Jusque là, Jo Moraiz enseignait à titre individuel, mais non sous forme d'école, telle qu'elle se pratique de nos jours. Thierry Organoff crée cette première Ecole de surf, avec stages à la clé. Une Ecole moderne telle qu'elles existent aujourd'hui, sur toutes les côtes françaises.

OU ALLER ?

Le littoral français est jalonné d'écoles de surf, plus ou moins importantes. Très souvent soutenues par une marque de surf, elles dispensent un enseignement de qualité, qui a su s'affiner au fil des années, et de l'expérience acquise par les centaines de moniteurs que compte la Fédération de surf.

Une grande partie des écoles françaises, sont labellisées par la Fédération ce qui garantit un enseignement de qualité et de sécurité. Un grand nombre d'écoles françaises possèdent des antennes à l'étranger. Il vous est possible de poursuivre votre apprentissage et votre progression en hiver dans eaux plus chaudes, Portugal, Maroc, Canaries, etc. avec le même encadrement et la même sécurité que sur le territoire français.

De très nombreuses écoles ont vu le jour à travers l'Europe.

ATTENTION, toutes ne sont pas de qualité, car dans beaucoup de pays d'Europe, il n'existe pas de monitorat de surf. Et chacun se déclare moniteur, en sachant souvent à peine surfer. Je pense notamment à beaucoup d'écoles, se trouvant dans les îles Canaries gérées par des surfeurs qui tiennent à peine debout sur leur planche. Il est certain que ce n'est pas là que vous trouverez un enseignement digne de ce nom, et en toute sécurité. Vous trouvez sur le site de la Fédération Française de surf [2], la liste des écoles de surf françaises labellisées. Privilégiez la qualité, qui va de pair avec sécurité.

[1] *Ce premier ouvrage d'enseignement « Passer du Rêve à la Réalité » sortie en 1981, servira de base à la Fédération Française de Surf pour élaborer son programme d'enseignement et de monitorat.*

[2] *Tous les sites utiles en annexe.*

Belles conditions d'automne et léger vent off-shore sur la façade atlantique.

Ecologie

S'il est un individu directement touché par la pollution, c'est bien le surfeur.

Scier la branche sur laquelle nous sommes assis

Morte pour cause de pollution ou de maladie ? Dans tous les cas impressionnante cette baleine trouvée sur la côte Atlantique.

Et même si les mers et océans couvrent les ¾ de la planète, leur absorption des déchets n'est pas infinie. La planche de surf elle-même, est un déchet toxique, qu'il faut veiller à ne pas jeter n'importe où. Qui n'a jamais vu après une journée de très belles vagues sur le North Shore ou dans le sud des Landes, des morceaux de planches abandonnées sur la plage, vouées directement à la déchetterie et à l'incinération. De la part de surfeurs responsables, nous ne devrions jamais voir cela. Et ce genre d'exemple peut se multiplier à l'infini, tant ce phénomène de pollution n'est pas suffisamment pris en considération par les surfeurs. Scier la branche sur laquelle nous sommes assis. Ce genre d'attitude se résume à ça. A chaque nouvelle catastrophe pétrolière, ce sont parmi celles qui nous concernent le plus, la prise de conscience est bien présente. Puis la pollution apparente passée, la garde se relâche, et les comportements égoïstes reprennent le dessus. Il existe des dizaines de petits gestes au quotidien qui peuvent, chacun à son niveau, aider à moins polluer. Et le premier geste est de ne pas jeter sa planche n'importe où. Même si vous êtes mécontent d'avoir manqué votre plus beau take-off de la saison, et pété votre planche.

Lieux **de Pratique**

Contrairement à beaucoup d'idées reçues le surf est praticable sur une grande partie de la planète. Que ce soit sur les océans ou sur les mers (mer méditerranée, dit d'une mer située au milieu des terres) ou même sur des lacs.

Et en plus s'il y avait quelques vagues en bas. La grosse question à chaque fois que l'on arrive ou que l'on survole une ile inconnue.

La présence de vagues n'est donc pas l'apanage des seuls grands océans habités de grands fonds marins et de grosses tempêtes. Tout plan d'eau sur lequel une tempête est capable de générer et propager une onde ou de la houle, peut voir arriver sur ses berges des vagues, toujours proportionnelles à son étendue.

Les grands pays de surf le sont donc, plus par leur antériorité et leur climat (Hawaii, USA, Australie, Brésil, Afrique du Sud, Tahiti et l'Europe) que par leur suprématie en fréquence et en qualité, l'un n'empêchant pas l'autre.

Plus on découvre de nouveaux lieux de surf, plus on se rend compte que des vagues il y en a partout. De toutes les tailles, toutes les formes et de toutes les puissances. Pour en trouver, il suffit de savoir lire une carte météo, de chercher le bon rocher ou le bon banc de sable et enfin d'être là au bon moment.

Si l'envie vous prend de vouloir voyager avec votre planche, vous n'avez que l'embarras du choix. Sur Internet des centaines de destinations sont à votre disposition ainsi qu'une kyrielle de livres, pour vous permettre de choisir votre destination en fonction de votre niveau et de votre budget.

Pour un débutant il lui sera plus judicieux, s'il a envie de voyager loin, d'aller au Brésil par exemple ou les vagues sont souvent petites et abordables, plutôt qu'à Hawaii ou en Australie, pays qui requièrent un bon niveau de pratique.

La France elle compte plus de 2000 km de côte de Dunkerque à Hendaye, et de Perpignan à Menton, et des milliers de spots. La meilleure période allant de septembre à avril/mai pour la Méditerranée, et toute l'année pour l'Atlantique avec des points chauds que sont les mois de septembre et d'octobre.

Le boat trip s'est énormément développé depuis le début du XXI ème siècle. C'est La nouvelle forme de découverte des spots, sans aucun doute l'une des plus agréables, mais pas forcément à la portée de toutes les bourses. Beaucoup de boat trip sont organisés dans des régions ou le surf est difficile d'accès avec des vagues souvent réservées aux bons surfeurs.

Surfeur globe-trotteur le lot de beaucoup de surfeurs à travers le monde.

Parfaites conditions pour un petit surf entre potes; mais toujours beaucoup de monde sur ce spot mythique de St Leu à la Réunion.

Le boat trip s'est énormément développé
depuis le début du XXIe siècle

Arrifana

Mascaret, le surf **en rivière**

De plus en plus de spectateurs se pressent pour assister au Mascaret de St Pardon, une véritable fête populaire et conviviale.

Même si certains esprits chagrins ne considèrent pas cela comme du surf, la possibilité de surfer en eau douce existe, c'est en rivière, en la personne du Mascaret.

Très nombreux dans le monde : Chine, Brésil, Angleterre, Inde Australie etc… les mascarets sont des phénomènes connus depuis des milliers d'années. Mais c'est vers le début des années 90, qu'il devient populaire.[1]

Le mascaret est un phénomène naturel périodique. Créé en rivière, par grand coefficient, (coefficient au-dessus de 90) lors du passage subit de la marée basse à la marée haute. Une onde se crée alors et se propage vers l'intérieur (amont) du fleuve, pouvant aller jusqu'à plus de 100 km à l'intérieur des terres. La vague déferle alors, lorsque l'onde arrive en eau peu profonde. Le plus connu en France et très fréquenté, est celui de St Pardon sur la Dordogne en Gironde. Il en existait un très important sur la Seine, qui se faisait sentir jusqu'à Paris, les travaux de 1963 effectués sur la Seine, mirent fin à ce phénomène.

Un longboard volumineux est nécessaire pour surfer un mascaret, mais un bon surfeur peut glisser sur un mascaret, suffisamment puissant, avec une petite planche. Ce type de surf reste tout de même limité et bien souvent anecdotique. Même s'ils sont légion à se précipiter à St Pardon en Gironde aux beaux jours, dès que les coefficients le permettent.

[1] *voir article de 1990 dans Wind Magazine, premier article français surf sur un mascaret. sur le site : www.thierryorganoff.com*

Les pathologies **du surfeur**

Toute pratique d'un sport amène ses problèmes physiques. En surf les pathologies ne sont ni plus ni moins traumatisantes que dans un autre sport. Elles existent, sachez-le. Une bonne prévention et une bonne pratique vous éviteront beaucoup de désagréments.

L'EXOSTOSE

Fréquent chez le surfeur, l'exostose est une excroissance du conduit auditif externe (CAE) ayant tendance à l'obturer.

C'est principalement chez le surfeur d'eau froide ou d'eau tempérée que l'on rencontre le plus grand nombre d'exostoses. Même si la cause n'est pas encore connue à 100 %, c'est sous l'effet conjugué, du froid, du vent et des différences de pressions (dues aux chutes et aux canards) que se développe ce phénomène de rétrécissement du (CAE). On la retrouve également chez le plongeur, le marin, ou tout autre pratiquant régulier de sports nautiques. Le seul rétrécissement du conduit auditif, serait un fait banal, s'il n'engendrait pas des problèmes liés à cette obturation: difficultés d'évacuer les impuretés, otites externes, et perte d'audition.

Arrivé à un certain stade d'obturation du conduit, il ne reste plus que la solution de l'opération. Elle consiste ni plus ni moins, qu'à tarauder le conduit auditif (comme on le fait en mécanique) afin de lui redonner sa forme initiale. Cette opération délicate, est aujourd'hui courante, elle se fait sous microscope et sous anesthésie générale. Il faut savoir qu'après une opération, le retour à l'eau ne peut s'envisager qu'au bout de 2 à 3 mois, et avec des bouchons de protection.

COMMENT PRÉVENIR L'EXOSTOSE ?

La meilleure façon de se prémunir contre ce phénomène, est tout simplement de porter des bouchons de protection, et cela dès le début de la pratique du surf. Une goutte d'huile douce dans chaque oreille avant la session, si vous n'avez pas de bouchons. Car il a été constaté que la présence d'exostose se faisait sentir dès les premières années de pratique du surf, 4 à 5 ans. Il ne faut pas attendre d'avoir le conduit totalement obturé, et des otites pour commencer à s'occuper de ses oreilles. Il existe bon nombre de bouchons le plus courant: le Doc's Proplug, mis au point par le Californien médecin/surfeur, le Doc. Scott.
Pensez également à vous rincer les oreilles systématiquement à l'eau douce et les sécher avec de l'air chaud. Evitez toute irritation du conduit auditif notamment les coton-tiges ou allumettes etc... Utilisez des gouttes alcoolisées, type alcool boriqué.

Le surf se développe sur toute la planète, les combinaisons nouvelle génération, permettent de surfer toute l'année, deux facteurs fondamentaux qui font que les cas d'exostoses sont et seront de plus en plus nombreux. Alors si vous ne voulez pas être de ceux-là, portez des bouchons ou une cagoule l'hiver et conservez vos oreilles en bon état! Eviter l'eau froide et le vent froid semblent le meilleur des remèdes.

« L'exostose n'est pas une maladie des temps modernes, elle a été identifiée sur des crânes de la préhistoire. Dès le XIXème siècle on a commencé à considérer que les exostoses survenaient chez les sujets ayant l'habitude de se baigner régulièrement en eau froide.» (Extrait de la thèse du Docteur Nicolas Guerin, Université de Bordeaux II 1985).

PUKAS

Une bonne prévention et une bonne pratique vous éviteront beaucoup de désagréments.

LES YEUX

Quelques conjonctivites, mais là pas plus que dans la population pratiquant couramment les bains en eau de mer. Pour ceux qui portent des lunettes, il existe un modèle de lentilles jetables, elles ne corrigent pas tout à 100% mais largement pour bien voir arriver la série. Souvent conditionnées par 30 le prix est très abordable. Seule précaution, les rincer en sortant de l'eau, et ne pas les garder toute la soirée après le surf. En plus vous pouvez vous rincer l'œil !

PATHOLOGIES TRAUMATIQUES

De plus en plus fréquentes, depuis la radicalisation d'un grand nombre de figures, et l'engagement physique qu'elles nécessitent, on voit augmenter très fortement le nombre de traumatismes des genoux et des chevilles. Pour les genoux, rupture des croisés antérieurs, ou simple distension du ligament latéral interne, tout spécifiquement du genou arrière. Pour la cheville, il s'agit de conflits antérieurs par hyper flexion, provoqués lors de chutes, re-descente de floater ou d'aerial, ainsi que lors de sorties de tubes, quand la vague s'écrase sur le surfeur. Les traitements sont classiques; la chirurgie, suivi d'une bonne rééducation, pour le croisé antérieur, comme chez le skieur. Il est évident que ces traumatismes n'existent pas, chez le surfeur débutant ou même surfeur que nous dirions tranquille. Ils se rencontrent plutôt, chez les très bons surfeurs, surfeurs très engagés physiquement, l'engagement physique n'étant pas toujours un gage de qualité du surf. Et bien évidemment on les retrouve plus chez le surfeur professionnel.

PROBLÈMES AU NIVEAU DU RACHIS.

La position de rame peut entraîner une hyper lordose cervicale et lombaire. Egalement nous trouvons, des contractures musculaires, dues au maintien de cette position de rame pendant plusieurs minutes, mais sans conséquences. Chez les « vieux surfeurs » on n'est pas à l'abri de conflit antérieur d'épaules, lié notamment à la dégénérescence des tendons des épaules. La surcharge liée à la rame répétée et intensive, s'accompagne de douleurs antérieures qui généralement cessent spontanément avec le repos. Contrairement à la natation, on a très peu de pathologies spécifiques des ligaments des épaules.

Pathologies dues à la surpopulation.

Comme à ski, la surpopulation des spots crée des accidents de plus en plus nombreux, et divers. C'est donc toute la traumatologie inter-surfeurs avec chute sur la planche du voisin, traumatisme du surfeur lancé contre un autre. Sans compter que cela peut entraîner des traumatismes oculaires, des ruptures de rate, des fractures clavicule/péroné et des coupures de toutes sortes. Mais attention, il ne faut pas brosser un tableau sombre du surf en le décrivant comme un sport dangereux. Il n'y a pas plus d'accidents que dans beaucoup d'autres sports, et même moins. Surtout s'il est pratiqué dans le respect des autres et avec intelligence.

Lexique **du parfait surfeur**

AERIAL OU AIR : Figure qui consiste à se propulser dans les airs avec sa planche, à retomber sur la vague et à poursuivre celle-ci. Il existe une grande variété.

ALOHA : mot hawaiien de bienvenu utilisé couramment, mot universel de bienvenu utilisé par les surfeurs du monde entier.

ASP, Association of Surfing Professional, association qui régie le surf professionnel depuis 1982.

AUSSIE : diminutif donné aux Australiens.

AVALANCHE : vague du Pays Basque au large des Alcyons, qui marche par gros temps pouvant être surfée jusqu'à 6 / 7 mètres

BACKDOOR : spot du North Shore qui est la droite de Pipeline

BACKSIDE : mot qui désigne une figure effectuée de dos à la vague

BACK WASH : Ondulation ou vague qui va du bord vers le large. Provoqué par le retour de vague qui vient taper contre la plage ou tout obstacle de bord. Cette vague est le plus souvent parasite pour le surfeur. Mis à part dans certains endroits, comme le wedge en Californie.

BEACH BREAK : Vague déferlant sur une plage de sable.

BIG-WAVE-RIDER : Nom donné aux surfeurs de très grosses vagues.

BIG WEDNESDAY : titre du célèbre film de surf de Ben Severson en 1961.

BLANK : Pain de mousse servant à la fabrication de planche de surf. Généralement en polyuréthane.

BODY SURF : Action de surfer avec son corps.

BODY SURFEUR : celui qui pratique le body surf.

BOTTOM : nom donné au dessous de la planche.

BOTTOM-TURN : virage en bas de vague.

BOXY : nom donné à une forme de rail.

BURLEIGH HEADS : célèbre droite australienne.

CLOSE OUT : nom donné à une vague qui ferme.

CONCAVE : partie donnée au creux effectué sur le dessous d'une planche

CURL : Partie la plus creuse de la vague située sous la lèvre.

CUSTOM : Nom donné à une planche shapée à la main.

CUT-BACK : Figure qui consiste à revenir au curl de la vague pour y reprendre de l'énergie, et à en repartir en effectuant un S.

DECK : Nom donné au dessus de la planche.

DIAMOND TAIL : nom donné à un arrière de planche en forme de diamant.

DUCK-DIVE : Manœuvre qui consiste à passer une vague avec la planche, en enfonçant celle-ci le plus profondément possible sous l'eau.

ENDLESS SUMMER I & II : Deux films réalisés par Bruce Brown, retraçant l'épopée de surfeurs à travers le monde, 1964 et 1994.

FLOATER : Manœuvre qui consiste à passer la section de la vague, en surfant le dessus de celle-ci.

FREETH GEORGE : (1883-1919) surfeur qui introduit le surf en Californie.

FRONTSIDE : Action de surfer de face à la vague.

GOLD COAST : Bande d'une quarantaine de kilomètres située à l'est de l'Australie ou se trouve une très grande concentration de spots mythiques, Surfers Paradise, Burleigh Heads, Kirra.

GOOFY-FOOT : Surfeur évoluant le pied droit devant, il est de face sur les gauches.

GRAB-RAIL : manœuvre qui consiste à prendre le rail de la planche avec la main lorsque l'on surfe de dos.

GUN : Très grande planche étroite, servant à surfer les grosses vagues, au dessus de 10/15 pieds.

HANG-FIVE : figure qui consiste à surfer, le plus généralement en longboard, avec l'un des pieds sur l'avant de la planche.

HANG-TEN : Figure qui consiste à surfer les deux pieds totalement à l'avant de la planche.

KAHANAMOKU DUKE : (1890-1968) Le père des surfeurs, Hawaïen médaillé olympique de natation, qui relança et fit connaître le surf hors de Hawaï, dans les années 1910/1920.

LEASH : Corde en uréthane, reliant le surfeur à sa planche, afin qu'il ne la perde pas.

LINE-UP : Zone ou les vagues commencent à dérouler, et ou se placent les surfeurs pour attendre la vagues.

NATURAL-FOOT : Surfeur évoluant avec le pied gauche devant, il surfe de face sur une droite.

NORTH SHORE : Partie nord de l'île d'Oahu où se trouve la plus grande concentration de spots mythiques au Monde, Pipeline, Waimea, Sunset, Rocky Point, Velzyland etc...

OFFSHORE : nom utilisé pour désigner le vent soufflant de la terre, très recherché par les surfeurs.

PADDLEBOARD : Très grande planche creuse à l'origine, utilisée et créée par Tom Blake en 1926. De nos jours utilisée pour les courses de rame, de 12 à 15 pieds.

PIPELINE : Certainement l'une des vagues les plus fameuses et dangereuses au Monde. Située sur le North shore, Hawaïi.

PLUG : Pièce de plastique situé à l'arrière de la planche, servant à attacher le leash.

QUIVER : Assortiment ou collection de planches d'un surfeur, nécessaire pour surfer toutes sortes de vagues.

REEF BREAK : Vague déferlant sur fond rocheux ou corallien.

RE-ENTRY : Variante du roller, effectué sur la lèvre de la vague.

ROLLER : Manœuvre qui consiste à venir avec la planche taper le haut de la lèvre.

SECRET SPOT : Un très relatif endroit de surf, que l'on tente de conserver secret !

SET : Série de vagues, deux, trois, quatre ou plus, qui généralement arrivent à espaces réguliers.

SHAPE : Action de fabriquer une planche de surf.

SHAPEUR : Artisan qui shape des planches.

SHORE BREAK : Vague déferlant très prêt du bord ou directement sur le bord.

SWELL : Onde ou houle qui forme les vagues.

SWITCHFOOT : surfeur évoluant indifféremment, pied droit ou pied gauche devant, il peut-être toujours de face ou toujours de dos.

TAKE-OFF : Action du départ sur la vague.

TANDEM : Discipline du surf qui consiste à surfer à deux sur la vague. Généralement un surfeur et sa partenaire.

TEMPLATE : Forme générale de la planche.

THRUSTER : Planche à trois dérives inventée par le shapeur australien Simon Anderson.

TUBE : Manœuvre qui consiste à surfer en se faisant recouvrir par la lèvre de la vague, et à en ressortir.

TWIN-FIN : Planche à deux dérives.

WAX : Paraffine utilisée comme antidérapant par les surfeurs.

Bibliographie :

_ « **JARDIN DE RÉCIF** » Nolwenn Roussel chez *Atlantica.*

_ « **ESSENTIAL SURFING** » par Georges Orbelian, surfboard design Editor, *Surfer Magazine*

_ « **THE SURFIN'ARY** » par Trevor Cralle, Ten Speed Press Berkeley, *California*

_ « **SURFING EUROPE** » footprint Travel Guide, published by *Footprint*, www.footprintbook.com.

_ « **LES VOYAGES DU CAPITAINE COOK AUTOUR DU MONDE** ». Maurice Dreyfous Editeur.

_ **CADRE RÉGLEMENTAIRE DE LA PRATIQUE DU SURF ET DES ACTIVITÉS DE VAGUES.** *Editions Surfing France,* Direction Technique Nationale.

_ « **LES TONTONS SURFEURS** » Aux sources du surf français, Alain Gardinier chez *Atlantica*.

_ « **JOURNAL DE CALIFORNIE** », Edgar Morin, *Editions du Seuil.*

_ « **COWABUNGA** » Hugo Verlomme.

_ « **SURF PLAISIR DES DIEUX"** Leonardo Llueras, *Gallimard.*

_ « **LA GLISSE** » Yves Bessas *Fayard.*

_ « **SURF ATLANTIQUE LES TERRITOIRES DE L'ÉPHÉMÈRE** » Jean Pierre Augustin *Editions de La Maison des Sciences de l'Homme d'Aquitaine.*

_ « **THE WORLD STORMRIDER GUIDE** » *Low Pressure*

Les sites indispensables :

FÉDÉRATION FRANÇAISE DE SURF : www.surfingfrance.com

SURF SESSION : www.surfsession.com

TRIP SURF : www.trip-surf.com

SURF EUROPE : www.surfeuropemag.com

ASP : www.aspworldtour.com

PRÉVISIONS MÉTÉO : www.surf-report.com, www.windguru.cz, www.fnmoc.navy.mil//public

MÉTÉO FRANCE : www.meteo.fr

Une heure de marche pour atteindre ce spot du Mirador et plus pour le retour, mais le jeu en vaut la chandelle.

Remerciements :

Je tiens à remercier tout particulièrement Jean-Jacques Salabert pour son aide et ses précieux conseils. Je tiens aussi à remercier ceux qui m'ont éclairé de leurs lumières et de leur savoir en particulier Yvan Amélineau, Jean Barland, Michel Boyé, Claire et Stéphane Becret, Renaud Cardinal, Gérard Dabbadie, Gitou Garcia, Anne-Marie Granda, Michel Matveiff, Yann Renaud, Frédéric Sabatté, Jean-Pierre Stark, et Pisha Boudine. Je tiens également à remercier Emmanuel Batifoulier pour sa patience et son sens artistique, et enfin Bernadette Duhart qui m'a fait confiance. Tous sans qui ce livre n'aurait pas vu le jour.

Directeur Général : Bruno Loustalan
Directrice de Collection : *Bernadette Duhart*
Design Graphique : *Emmanuel Batifoulier*
Photogravure : *ISOKEA / Anglet _* ***Impression :*** *ZUBI / Espagne _* ***Dépôt légal :*** *juin 2006 _ ISBN 2-9524021 7 5*
Surf Session Editions : *P.A de Maignon, 20 rue Maryse Bastié _ 64600 Anglet*
Tél : 05.59.41.70.00 _ Fax : 05.54.41.24.12 _ surfsession@surfsession.com